长期价值

实现财富持续增值的投资指南

远方青木 _ 著

北京联合出版公司
Beijing United Publishing Co.,Ltd.

图书在版编目（CIP）数据

长期价值：实现财富持续增值的投资指南 / 远方青
木著 .-- 北京：北京联合出版公司，2022.2（2022.4 重印）
ISBN 978-7-5596-5498-4

Ⅰ . ①长… Ⅱ . ①远… Ⅲ . ①私人投资—指南 Ⅳ .
① F830.59-62

中国版本图书馆 CIP 数据核字（2021）第 265411 号

长期价值：实现财富持续增值的投资指南

作　　者：远方青木
责任编辑：牛炜征
封面设计：王雪纯

北京联合出版公司出版
（北京市西城区德外大街 83 号楼 9 层　100088）
三河市冀华印务有限公司印刷　新华书店经销
字数 206 千字　700 毫米 ×980 毫米　1/16　印张 16.5
2022 年 2 月第 1 版　2022 年 4 月第 2 次印刷
ISBN 978-7-5596-5498-4
定价：58.00 元

序

我在微信公众号平台分享了大量分析财经热点的文章，阅读量"10万+"的文章数量已经达到了一千多篇，阅读量超过千万的刷屏文章也有六篇，这些文章深受广大读者的喜爱。

这本书收录了我近年来在财经领域的部分经典文章，同时加入了我这些年所学习的一些实用的经济学知识，并以较长的篇幅介绍了投资的方法，主要涉及股市、住宅和商业地产等方面。

书中所讲述的内容，都是蕴含通用原则，介绍经济规律本质的经验和常识。

俗话说，"授人以鱼，不如授人以渔"。经济走势复杂多变，每年每月，甚至每时每刻都在不断地改变。想要真正精准地抓住经济的每一次波动近乎是不可能的，因此，我们只能退一步，以空间换概率，即以很难改变的长期规律作为研究基准，以此来换取最大概率的确定性。

指标，无论是股市类的各种技术指标，还是楼市里的各种经济指标，我认为它们都只是工具，可以利用，但不可迷信。知其然而不知其所以然的技术指标，学再多也没用，只有了解经济的本质，才可能利用工具建立自己的交易体系，否则，我们只能陷入工具中不能自拔。

每个家庭都需要投资，投资很难，但也很简单。自古以来，财不入急门，投资之前你必须广泛学习。因此，我创作了本书，希望可以成为你投资学习路上的一个小帮手。

股市、楼市和理财作为百姓投资的三大支柱之一，向来都是大家关心的重点，也是国民金融的重要组成部分。

房价运转的本质规律是什么？新手如何炒股？什么是趋势交易的操作手法？如何精准判定股市的牛、熊大势？如何战胜投资中的恐惧和焦虑心理？什么时候该买入或者卖出？该选择长线还是短线？该如何选择更适合自己的公司？如何根据大盘选定合适的投资时机？

......

所有你所关心的投资问题，这里都有答案。

本书可以帮助广大读者走出股票投资的误区，以正确的投资逻辑战胜心理弱点，成为更加优秀的投资者。

30年前，如果你比大多数人更早投身于市场经济的大潮，很有可能成为改革开放后的第一代企业家；

20年前，如果你在北上广买入一套房产，如今就会身家数倍于你的同龄人；

10年前，如果你买入互联网"独角兽"的股票，现在很可能已经成了百万富翁。

永远不要和趋势作对，经验越丰富的人越能体会到这句话的力量——"做趋势的朋友，时代的大潮会成就你的人生"。

在投资市场上，选择大于努力，它不符合"多劳多得"的规律，和你平时上班是完全不一样的。

选择对了，你可以躺着赢过绝大多数人；选择错了，无论你怎么折腾都是没有用的。

如何保证自己做出的选择最大概率是正确的？那就需要直接参考国家的选择。我们国家的每一个经济选择都是由大量经济方面的精英人才研究确定的，他们手中握有普通人想都不敢想的各种庞大的数据，还有第一手权威的消息资料，这些都是非常宝贵的。要信任国家的经济选择，因为国家在经济层面的决策稍微有一点误差都会形成惊涛骇浪，所以国家的经济选择是非常理性、充满智慧的，相比个人来说准确率高太多了。

所以，如何分析公开的经济信息，如何从国家的思维角度去考虑问题，就是我们需要学习的内容。

在本书中，我将通过一篇篇文章，剥丝抽茧地告诉你，该怎么去理解经济，学会投资。

目　录

Part

1

观念篇：

建立财富思维，理性投资

Part **2**

趋势篇：

洞察投资趋势，"躺着赚钱"并不难

Part

3

实操篇：

掌握创富方法，让资产翻倍

Part

1

观念篇：

建立财富思维，理性投资

第 1 章

投资不能太随意

股票投资不能带着"恋爱心态"

我常常把盲目的投资比作随意的恋爱。为什么呢？因为很多人做投资非常随意，就像一些年轻人在大学谈恋爱时一样，不考察背景，不规划未来，只追求当下的心动。

无论是选股票还是选房子，都要很谨慎，这毕竟关系到几万、几十万甚至几百上千万的投资。但投资的额度再大，也比不上伴侣对自己的人生重要。选择自己的另一半，那才是真的要慎之又慎。不过很多人在校园阶段，择偶时却往往只凭感觉，非常随意。

校园恋爱的成功率之低举世皆知，很多年轻人毕业即分手，能修成正果的寥寥无几。择偶成功率如此之低，也不全怪大学生自己，这其实和他们所在的客观环境密不可分。常常有人开玩笑，说在社会上，人和人之间的差距，比人和狗之间的差距都要大。但是在大学里，人和人之间的差距就太小了。大家都是跨越了同一个分数线上的大学，谁也不比谁好哪儿去。就算好一点，那也不构成吸引异性的理由。

你是出了名的学霸，期末考得好，这也许能让"班花"称赞一句，但绝不构成班花喜欢你的主要因素。在大学时期，成绩好为一个人带来的魅力加持甚至还不如高中时代。因为在高中，成绩是很有用的，直接决定你未来会上哪所大学，但是在大学，单凭成绩并不能明显拉开你与其他人的差距。甚至到毕业了，除非计划去考研，否则成绩好的人在职场竞争上也未必会有太大优势。在大学里以成绩好坏去择偶的人不是没有，但是极少。

至于家庭出身、经济条件，在校园恋爱中被考虑得就更少了。相比而言，在大学里，成绩还能摊开在明面上展示，所有人的出身、背景却都是保密的。你大学的同班同学家里有多少套房、多少存款，父母是什么职业，别说大学四年，就算到今天你都未必清楚。能鉴定身家的，只有零花钱。但哪怕是资产丰厚的家庭，父母都会教育自己的孩子要低调，越有钱的家庭，往往越重视对孩子金钱上的约束。这就导致大学生之间的财富差距极其小，能在大学里每个月请舍友撸一次串的人，就称得上同学中的"顶级土豪"了。

大学生谈恋爱从不关心对方有没有钱，和那些社会中很多会综合评估另一半财力的婚恋者形成鲜明对比。我认为主要的原因，是这些大学生在踏入社会之前，根本就没有真正领会到金钱的力量有多大。于是，"颜值择偶观"一统天下，长得好看的学生"大杀四方"，吸引了90%以上异性的注意力。高的和矮的、富的和穷的、聪明的和愚笨的，大家的爱好极其统一，都"喜欢班上那个最好看的"。女生爱校草，男生爱校花。展现你的容貌，展现你的歌喉，展现你在篮球场上的身姿，这些才是大学恋爱的精髓。

但是，等踏入社会之后，大部分毕业生都会幡然醒悟——歌唱得好没太大用，篮球打得好也没太大用，长得好看还是有点用的，但用处也极其有限。

抚养后代需要大量的金钱，曾经再不谙世事的"小仙女"，在柴米油盐酱醋茶面前也只能变得"世俗"；本来和自己差不多的张三，毕业后没几年白手起家赚了半个亿；曾经和自己把酒言欢的李四，毕业后直接去他爹的公司历练，轮流当各部门的二把手，听说马上就要"被迫"继承好几家工厂了；至于那个上学时和自己勾肩搭背的王五更夸张，毕业后家里直接给了 1 个亿让他去创业，哪怕亏完了也没关系，家里会再给。

大学是你和这些同学这辈子差距最小的时期。在踏入社会半年之内，我们就会看清大家之间巨大的差距，并修正自己的择偶观。当择偶观改变后，当初在大学里精心筛选的对象，马上就变得不合适了。你在大学里择偶时，其实根本没有选择的余地，只能按照外表来盲选。在大学里选到潜力股的性质和抽签差不多。而有幸选到潜力股的人，自己也未必是潜力股会选择的对象。择偶是双向的，不只是女生选男生，男生同样会评估女生，如果互相不匹配，很难走到结婚那一步。所以校园恋爱，大部分最终就只是恋爱，而不是择偶。总之，想在校园里择偶并不容易。

在资本市场，我们也希望能幸运地入手潜力股。那么谁才是潜力股呢？

相当一部分人，不管是买房还是买股票，都很盲目。买房还好一点，因为买错了位置而大亏特亏的概率并不大。但买股票就不一样了，一旦选错，代价极为巨大。但很多人选股票，和在校园里谈恋爱时选对象一样随意。这些人在校园里谈恋爱的时候，谁容貌好看就选谁；投资股市的时候也是一样，谁吸引他们眼球就选谁。基本面、经营逻辑、经济大环境……这些东西太复杂了，谁看啊！谁拉涨停板（最好是天天拉涨停板），他们就选谁。因为这些股的曲线太好看了，让他们心跳加快了，这就是心动的感觉。你看那只股票，上蹿下跳地——你看那个人篮球打那么好，看得旁人心如鹿撞，满脸红晕——选它准没错。

大学生往往需要在毕业后被社会"毒打"过，才知道找一个本分踏实的好东家有多么重要。很多散户也需要被股市"毒打"过，才知道找一个本分踏实的上市公司有多重要。老老实实做主业，且做得还很不错的上市公司，的确不算太多。有些公司天天玩并购，玩新概念，今天做新能源，明天做媒体，后天说自己要做芯片。自己的本行都弄不好，钻到别人耕耘十几年的领域去硬拼，失败的概率非常大。

当然，如果你能在这些公司刺激股价之后趁机快速套现离场，这个策略还是不错的。如果遇到今天想给长城贴瓷砖，明天要上火星挖钻石，放一个消息出几个涨停的公司，请一定能跑多快就跑多快。你要是相信这种公司，必然要承受亏损。

投资要像"过日子"

上市公司和上市公司之间的差距，比人和微生物之间的差距还要大。如果你看哪只股票吸引眼球就选哪只股，选对股的概率和中彩票差不多。那段股线长得再好看，再有"仙气"，如果不能赚到钱，帮你提高生活水平，也只是镜花水月。最终，所有的股民只能变得"庸俗"起来，慢腾腾地赚钱，慢腾腾地过日子。投资本身也不是一件能够快速获利的事。

2020 年 7 月，五粮液跌停了，如图 1-1 所示，一根醒目的大阴线，把很多新手吓到了。

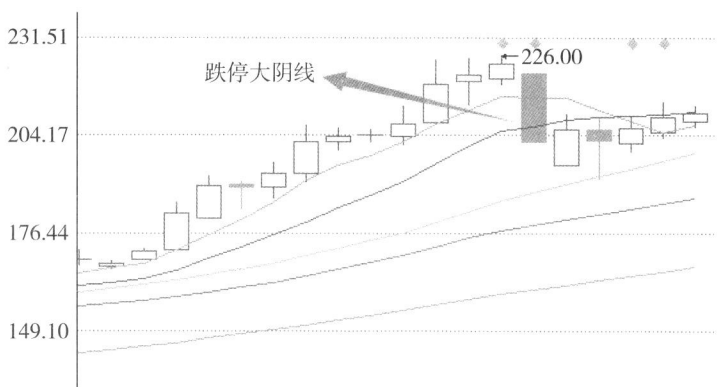

图 1-1　2020 年 6 月 24 日至 2020 年 7 月 23 日五粮液 K 线图

疫情结束后，五粮液的股价从 100 涨到了 200，直接翻倍了。结果突然出现了跌停大阴线，很多人都慌了，但我没慌。

我没慌的第一个原因就是这只股票的盈利丰厚。股票投资一定要有正面的心态，考虑长期利益。别说我已经持股两年半了，就是从 2020 年 4 月到了 8 月，这只股票已经涨了一倍，现在遇到一个跌停算啥？就算经历 5 个跌停，于我而言也不过是回到 2020 年 4 月的起点而已。

但这不是主要原因，因为盈利也是钱，何况很多人有了盈利之后会更慌。很多人可以将那些亏 30%，甚至亏 50% 的股票拿在手里好几年舍不得卖，但盈利的股，只要涨个 10% 就慌了，想着这可是银行好几年的利息了，得赶紧卖，落袋为安。

上天恩赐给了你一个好老公，他刚升职加薪你就要离婚分家产，碰到"渣男"了反而不离不弃——用这种思维炒股票，你不亏损谁亏损呢？当然，对于连续上涨的股票，我们也要有清醒的判断，看清楚它是真正有实力的"高富帅"，还是把自己包装起来的骗子。股价既然上涨，按照朴素的逻辑，公司肯定被经营得不错，盈利了。

如果一个男人天天游手好闲，什么正事都不干，然后忽然有一天告诉你他发财了，赚了几千万，你信吗？如果他开个玛莎拉蒂来见你，那么这个玛莎拉蒂很大概率是租的，他的目的也很明确——骗你的钱。所以，如果你看不懂这家公司是怎么赚钱的，涨一点就跑是完全没错的。但如果你知道这家公司的盈利是怎么来的，而且你也认可它的这种经营模式，认为其能够继续维持，你当然可以大胆地买进。什么叫股权投资，这就是。

谨慎投资就像择偶一样重要

股票投资并非"捞偏门",股市开放也不一定是为了给你炒股的,更不是用来给你赌博的,它只是股权投资的一个渠道。试想一下,你在对一家公司进行股权投资的时候,会在意它在几天内的波动吗?如果你因为短暂的涨跌就心花怒放或者灰心丧气,这种心态说好听点叫投机,说难听点叫赌博。游资高手确实擅长这个,就好像赌场上其实也有高手,但那不是普通人可以走的路。

更适合普通人走的路,是找一家好公司。你可以自己慢慢地琢磨,也可以跟着一个高手好好学。拿五粮液来举例,我之所以看到手中持有的五粮液的股票跌停也不慌,是因为根据它以往的历史判断,它没有遇到过大到难以接受的回撤,而且经营模式依然稳定,酒类销售的大环境也没有变化。它出现了很多次翻倍涨的情况,但最长的回撤是 1 年,回撤幅度也在可忍受的范围内。如果连这种比较稳定的股票偶尔的跌停你都忍不了,那么你在股票投资过程中,心态肯定会经常崩溃。

我并不是在为五粮液站台,只是借它来举例子,说明一个道理:公司的综合实力和综合稳定性较高的股是最值得信任的。

当然,这也要结合你的投资目的来进行决策。拿我来说,我买五粮液的目的是理财,一年能获得高于 4% 的收益就很满足了。结果疫情之后,它居然让我获得了多一倍的收益。要不要落袋为安?当然不,因为我哪知道它的极限在哪里。

我根据历史走势图判断,它在翻倍后大概率会出现横盘震荡消化期,但横盘的时间极不稳定,最长可以持续一年,最短才一两个月,完全无法预测。因此，不动才是上策。

伴侣刚开始挣到钱你就要离婚分家产，人可不能这么糊涂。既然选择了结婚，就好好过日子，别天天和股票谈恋爱，投资更不能像我们在大学谈恋爱时那样以喜好为主。

第 2 章

如何找准你的投资节奏

你对市场波动的恐惧，源于没有找准投资节奏

2020 年中旬，五粮液大跌 15%，招商银行大涨 24%。许多投资者问，五粮液跌那么多是不是有问题？要不要卖？招商银行涨这么多是不是有问题，要不要卖？

投资者之所以会问出这样的问题，根本原因在于没有找准自己的投资节奏。

只有一种股我建议买，那就是我经常给读者们推荐的几种新手股和低市盈率的股票。当我将自己的判断向其他投资者阐明的第二天，招商银行突然暴涨，早盘直逼涨停板，涨幅最高为 9.83%，至收盘回落到 4.26%。招商银行突然暴涨的原因在于，其 2020 年的业绩出来之后，整个 2020 年营收增加 7.7%，高达 2905 亿元，利润增加 4.8%，为 973

亿元，大大超过市场预期，于是直接刺激股价暴涨。

其实，招商银行在2020年净利润增长4.8%并不算高。这年因为疫情，银行的压力也比较大。市场普遍预期银行的利润增速应该为负，不可能比2019年赚得多。但招商银行在第四季度竟然实现了33%的同比增速，一下子把全年的利润增速拉到了4.8%。因为之前预期是负值，导致股价和市盈率一直上不去，后来超过预期，那市场自然会相应提高定价，所以招商银行的股票就这样突然涨了。

2020年11月22日，我认为白酒板块要谨慎持有，不能买也不能卖，如果还没入场，可以试试新手股——招商银行。其实当时我并不知道招商银行第四季度的业绩会这么好，也不知道白酒后来会回调。那当时我为什么会这么选呢？答案就是我对大趋势的正确判断，同时因为我在对市场长期的观察和投资中，建立了正确的投资节奏。

如何确定股票大势

股市的大势怎么确定？很简单，主要有两个步骤：第一，感受市场的"情绪"；第二，感受市场参与者的情绪。

看起来好像很玄、很难，但对我来说不难。因为我运营着一个类似百科号的公众号，写的文章覆盖多个行业，比如政治、历史、经济等，股票不过是我研究的经济领域中的一个小分支而已。

我每天动笔之前的第一个任务，就是确定选题。这需要我去感知目前中国互联网的"情绪"，猜出当下的公众想看什么内容，然后从中选定一个自己最擅长写的主题，这比感受市场"情绪"要难太多了。市场的"情绪"只需要将成交量和股价的关系，与舆论界里机构和散户的言论交织起来就可以简单地判断出来。恰好，不管是判断技术指标，还是感知舆论，我都很擅长。

感知是否敏锐、准确是很重要的。要是不知道公众这几天喜欢看什么，写一些读者不感兴趣的话题，那我的阅读量肯定不会尽如人意。要是不知道市场的资金对什么感兴趣，那你的大势判断也肯定错误。有段时间，白酒板块确实回调了，但我没产生任何恐慌的心理。相反，我感觉里面好像有股资金在打压股价，这是不以利润最大化为原则的打压，目的是试探市场的底线。

如 2-1 图所示，在 2020 年短短 1 年的时间里，五粮液的股价从 100 元涨到了 330 元，然后回调到了 287 元。这回调幅度难道不是很正常的吗？股价翻 3 倍了，你觉得回调多少才合适？你是不是觉得牛市就应该只涨不跌，永不回调？

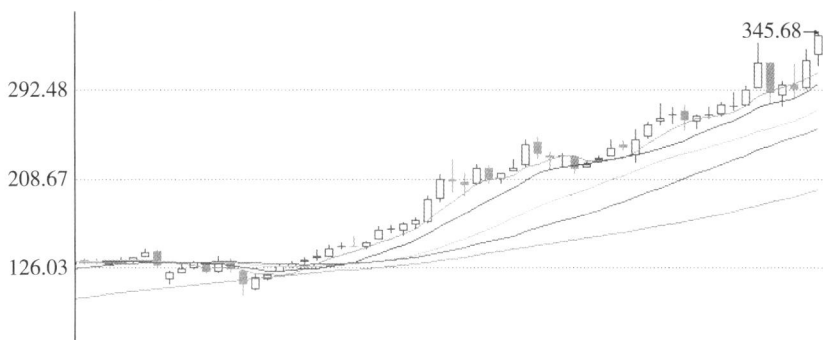

图 2-1　2019 年 12 月至 2021 年 2 月五粮液 K 线图

2005—2007 年的大牛市里，大盘单日下跌 5% 左右的"股灾级"K

线非常多，如果我们回头看一看，会发现单日下跌近9%的都有，一波回调甚至让整个大盘出现指数下跌20%的情况。注意，我说的是大盘，不是个股，大盘跌20%听起来多可怕啊，但这些都没能阻挡它继续上涨。

你可以说这是回调，但如果你认为这点回调就代表趋势崩坏了，那你对于趋势的判断就大错特错了。

假如你认定这里属于趋势崩坏了，需要紧急撤退，那你觉得未来它会不会反弹呢？会不会再创新高？你有把握坚定地说"不可能"吗？

作为散户，你可以随时推翻自己的决定，甚至朝令夕改，所以判断错了无所谓，过一夜就忘了，明天可以开盘重新再战，但作为写经济类文章的博主，我不能这样做。散户都有这样的习惯，很多人犹犹豫豫，下定决心要撤退了，好不容易等来了一个阳线反弹，于是赶紧卖出。但有很多人会因此使自己的股票卖在回调的底部，导致他们再次买入也是犹犹豫豫的，一直拖到一个月甚至几个月后，错过最佳的投资时机。

散户如何建立正确的投资节奏

对任何军事战争来说，可以偶尔出现战术上的调整，但整场战争的主导思想和大方向的战略绝对不能随意变动，其中的一个主要原因是军队的人太多了，全军思想的变更和统一需要花费大量的时间。

如果把股票投资比作战争，道理也是一样的，我们不能因为偶尔的涨跌而轻易改变自己的投资大战略。

热门股和热门板块出现倒"V"字形尖顶下跌的情况，除了2015年的股灾，其他时间压根儿就没出现过。当然，白酒的股票在出现泡沫化迹象后极易暴涨暴跌。像我这种底仓盈利丰厚的自然无惧风浪，但追高买入的人，一旦其账户上出现 –10% 以上的绿色，就会非常难受，整日陷入自我质疑和恐惧之中。贪婪和恐惧，是人性的两大弱点，而散户很难克服这两个弱点。所以我从 2020 年 11 月 22 日起就不建议新人再入场了，而是建议大家先去"新手股"里进行投资，练练心态。心态稳了，才能入手其他股票。

即使股市出现"泡沫"，也不一定是坏事，后面的泡沫化趋势，有可能会带来巨大的盈利。但这些盈利都是有风险存在的，否则我也不会将其称为"泡沫化"。如果不能克服自己的人性弱点，且无法承受风险，那冲进这样的"泡沫猎场"，下场就是成为猎物。

价值投资是多方共赢，泡沫博弈是零和游戏。零和博弈，谁是正值，谁是负值？建议大家找找自己的定位。即使我经常说白酒的大势还不错，但我依然不建议以前没有底仓盈利的新人入场。

"慢牛股"：新手最适合买的股票

为什么我建议新手买类似于银行的新手股？答案很简单——长期来看胜率高。

炒股的本质其实就是炒概率，对任何人来说都是。拿白酒来说，它在风口上，不管有没有泡沫，它都是全市场聚焦的热点。这种全市场聚焦的热点，不可能猝死。就比如2015年那几只知名的"妖股"，它们的股价后来泡沫化到那么离谱的地步，也没一下子就跌下去。

所以，虽然白酒股随时存在回调的可能，也脱离了价值投资的领域，但我凭借丰厚的底仓盈利，依然觉得自己可以用平和的心态去参与它的零和博弈。盈利小幅吐出的可能性有，但大幅吐出的可能性极低。赢了，就是短期大幅利润。从概率上来说，我持有白酒股票是划算的，期望收益总体算下来是正的。

中国股市里有三大鼎鼎大名的"慢牛股"，分别是银行、地产和保险。为什么说它们慢？因为它们常年都不怎么大涨。中央政策并不鼓励炒房，而是致力于控制房价，所以地产我不想碰，于是就给新手们推荐了银行股和保险股。比如招商银行和中国平安，就是三大"慢牛股"中的两个。这种股虽然不太会大涨，但你很少会亏。有可能别人都亏惨，甚至是爆仓了，你的账面才出现小亏，甚至一直不亏。

所以这种股向下的空间相对较少，有的是向上的空间，只要它的业绩出乎意料地好，股票就会立刻上涨。

如果业绩不好，那也没事，让这只"牛"继续"趴着"呗，不涨不跌，一年赚10%~12%已经很好了。从长期来看，这种"慢牛股"胜率特别高，是典型的正值共赢股。前提是，你扛得住人性中的"贪"，不要一看其他股票涨就眼红。

我觉得我的心态和投资眼光都还可以，不想蹲太久"冷板凳"，觉得自己在零和博弈的战场里也有能力搏一搏，所以除去价格投机和纯粹的价值投资，我只分配了部分兵力在"慢牛股"中。因此，我短期内没有从白酒全部撤退，只是缓慢调仓。

白酒和"慢牛股"，两者都遵循盈利概率最大化原则，只不过针对不同的人群而已。

白酒完全有可能忽然快速下跌，"慢牛股"也可能一年都"趴着"不动，这些都是存在一定概率的，没有人可以完全排除这些可能性。但总体来说，我认为这些坏消息出现的概率低于好消息出现的概率，所以我认为新手可以试一试这些股票。毕竟这是股市，不是银行存款。

但只要你依据急不得的主导思想，调整心态，分析大趋势，好好去打这场战役，不管中间的过程是怎样的，你最后肯定会赢。

金融投资，急不得，也慌不得。

第 *3* 章

克服投资中的贪婪和恐惧

投资之前，先直面人性的弱点

贪婪和恐惧是人性的两大弱点，而投资就是要在别人贪婪的时候恐惧，在别人恐惧的时候贪婪。但是，普通人却大多不具备这种思维。因此，不管是对房市还是股市，很多人都有一个毛病，就是哪怕非常看好，甚至明知道会涨也不敢买。比如，我持有两只白酒股票两年多了，这两年多以来，我特地发了多篇文章给大家推荐，很多人从两年前就观望到现在，看到我的白酒股票涨了，又悔恨没有早早入手。

如图 3-1 所示，从 2020 年 6 月 3 日至 2021 年 3 月，五粮液的股票就涨了 20%。一年多来，茅台的股票也涨了接近一倍，但是很多人依然一直保持着观望的态度，不敢买白酒类股票。对于部分人来说，不只是白酒类，所有股票都是如此，涨得越厉害，他们反而越不敢买。

股市与楼市的最大区别，就是你能在股市轻易地看到各类股票的历史价格。拿茅台举例子，茅台的股票在 10 年内涨了 30 倍，近 5 年来也涨了 7 倍。当你看到 2010 年有人用 50 块 / 股的价格买入了茅台，而你今天却要用 1500 块 / 股的价格买入时，你会深深地质疑自己："我为什么不在 10 年前买这只股票，我现在再去买是不是接盘侠？"

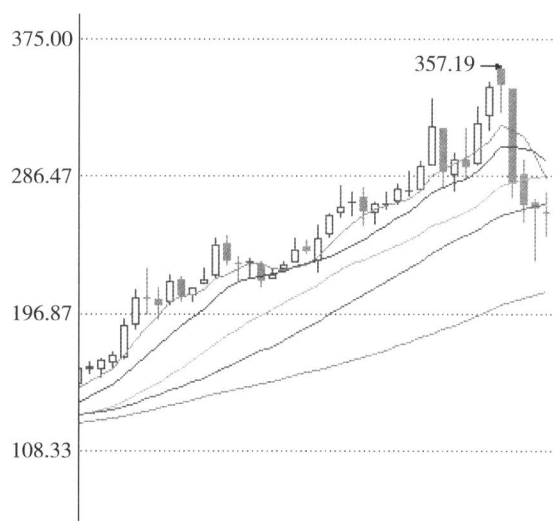

图 3-1 2020 年 6 月 12 日至 2021 年 3 月 19 日 K 线图

其实楼市也一样，当你得知你在北京买的那套 10 万元 / 平方米的房子，20 年前的价格为 2000 元 / 平方米，你也会质疑自己的判断力。但你该买还是会买，因为楼市没有 K 线图，你无法直观地看到它是怎么涨的，也无法直观地体会 20 年前的价格比现在低到什么程度，所以你的感觉会好很多。

买涨不买跌是投资，但买跌不买涨是人性。

暴跌后买入，智商上的优越感油然而生。但按此办法在 A 股操作，经常亏得一塌糊涂——你以为跌多了总会涨，但你没想到，跌了 90% 的股，居然还能再跌 90%。

如何做到理性地"闭眼买入"

那么问题来了，如何克服"买入恐惧症"，遇到好的股票敢于闭眼买？

讨论什么时候该买入茅台和五粮液的股票是没有意义的，在此我也不做个股推荐，也不是让大家看完这节就立马去入手白酒股。从大趋势和大规律上来分析股票，可以得出一个结论：买入利润率稳定增长的公司的股票，收益一定比选择银行理财强。有些散户明知道买哪只股票资产会涨，但就是不敢买，总想等着暴跌后买入。而我给自己立了一个规矩：看多必买入，看空不卖出。所以，当我明确了某只股的增长确定性和盈利预期后，通常是闭着眼睛买入，并且每隔一段时间固定买入一次。

也有一些人会进行超短线操作。但个股如果做 T[1]，来回吃差价极其痛苦，很多人因此每天焦虑不安，所以我并不建议大家用这种方式

---

1 T 即股票进行 T+0 日交易操作的简称，是指当天买进的股票，当天卖出，是一种超短线操作，其中 T 是指交易日。做 T 就是利用一个交易日中的涨跌做差价，在股票严重超跌、低开时，买入同等数量同一股票，待其涨升到一定程度再将原来被套的卖出。

进行股票投资。大家都知道茅台好，它已经涨了那么多年，贵州茅台市值 2 万亿，第十大股东持股才区区 57 个亿。下到散户，上到大型基金经理，大家基本都是"被动配置"的，只能衡量自己可支配的余钱，合理地买一点，一路涨一路买。在股票市场，没有几个人是真的砸锅卖铁"满仓 + 杠杆"来进行投资的。

买入恐惧症大家都有，也都想等着暴跌后当"事后诸葛亮"，之所以还愿意捏着鼻子买一点，那都是被逼无奈。这个道理其实放在楼市也是一样的，在楼市赚得盆满钵满的，有几个人是倾家荡产去炒房的呢？绝大部分人都是因为要结婚了，咬咬牙买一套婚房，然后随着房价的增长，顺其自然地赚了上百万。

股票投资，也应该是一件"顺其自然"的事。"股市很凶险，我听说过好多人炒股亏了。"这话确实没错，但你听说过有人长期持有茅台股票却亏损的吗？从 2001—2020 年，后复权模式可以轻易计算出茅台的涨幅——近 19 年时间里涨了近 300 倍，部分地区房价的涨幅只有茅台涨幅的零头。

因此，选股其实不该看谁涨幅大，也不该看谁上涨的时间长，而是该看谁更稳定。长期稳健的股票就好比楼市，一、二线楼市之所以能吸引那么多人投资，最大的优点不是涨幅大，而是回撤小。房价通常只有"上涨"和"横盘"两个选项，房价可以不涨，有时候可以横盘三五年甚至更久，但回撤的可能性较小。再加上媒体的常年聚焦和国家的宏观调控，房价相对来说是非常稳健的。如果房价隔几年就跌 50%，到处都是户主拒绝还贷，房子被法院拿去强拍的新闻，恐怕就没有人敢买房子了。

我们观察到很多优质股票的走势都很像楼市——稳定性较强，除非遇到了确定性的政策级大利空，或者全球性的超级大熊市，否则几乎很难遇到大回撤的情况。哪怕遇到疫情，优质股票都不会跌太多。极度的稳定性，是我们在投资时最应该考虑到的特质。

比如茅台、五粮液这样的股票，不能只看明天，也不能只看本周，而是要看明年的市盈率和业绩。你预测的不是股价，而是它未来的业绩增长。对于"白马股"而言，市盈率和业绩才是真正的"定价神针"。对那些短期崛起的"黑马股"和游资股，则要更加看重技术指标，不能只看业绩。

只要确认某家公司的销售额会增长，净利润会增长，那它今天股价的上涨就是合情合理的，即使短期买高了也不用愁，只需多等待一些时间，它迟早还是会涨的。

准确判断趋势，克服恐惧心理

如果你在选定了稳健的公司之后，还懂得逃离大熊市和政策级的利空，就能拿到更为惊人的盈利。判断股市大势，尤其是大规模的牛熊大势，也是克服恐惧心理的关键环节。比如，当整个网络上几乎所有人都在喊"大牛市到了"时，我却常常有不同的看法。

券商股集体拉涨停、银行股异动、A股成交额终于破万亿、很多人去券商开户——这是典型的牛市征兆，和2014年牛市启动之初极为相似。2015年的"股灾"到2021年也有6年了，股市泡沫都被挤得差不多了，现在股市的整体估值，在历史上都算低点。说牛市来了，其实没有什么问题。但这个牛市，和大家印象中的传统牛市，却又可能不太一样。

大众眼中传统意义上的 A 股牛市是连续不断地暴涨的，但 2015 年的教训告诉我们，股市的波动性远远比楼市要强，暴涨的破坏力也是非常大的。当股市连续暴涨的时候，其实所有人都知道这是不可持续的，大家之所以还留在场中不肯撤，无非就是贪念在支撑着。很多人一旦看到涨势稍停，立刻就是一大波抛盘。而一旦引发一波暴跌，很多亿级大户都可能会在杠杆的作用下"灰飞烟灭"。因为楼市从来没有暴跌过，所以一个工薪族反而都敢借上百万去买房，杠杆的另一面从来没让买房之人感受过痛苦。所以 A 股绝对不能暴涨，只能稳涨，"慢牛"才是健康的走势。

有一段时间，A 股出现了大规模的资金异动，强攻 3000 点并彻底站稳，这可能是对市场的一次试探，后面肯定要涨，但大概率是"慢牛"。因为市场在宏观层面是不会去推动"疯牛"的，而没有市场在宏观层面的推动，A 股不会出现绝对的牛势。对于这种注定是"慢牛"走势的股票，按月定投、分批买，是最好的应对手段。

永远不要妄图吃尽每一波小利，看清大势就能够赚到钱。A 股即将全面实行注册制，创业板注册制会率先落地，到时候很多稀奇古怪的股票都会上市，这就需要我们更加谨慎地分辨。

专门拣"垃圾股"买的日子一去不复返了，垃圾股可能跌 99% 然后归零。注册制实行之后，拥有确定性盈利走势的股票更适合普通股民，买股的门槛也会大大提高。但是，历次股市改革，都会引发牛市。因为牛市更容易化解改革中的种种矛盾，熊市是没办法推动改革的。2005 年的股权分置改革致使大小非股票蜂拥上市，整个股市瞬间扩容几倍。那次改革对股价的压力，远远超过今天的注册制，但依然成功了，靠的就是一场长达 3 年的大牛市。

而这次如果想走"慢牛"机制，强行压制上涨速度的话，那有可能打造出一轮长达 5 年、10 年的牛市，甚至是持续几十年的牛市，然后把股市变成和楼市一样的"经济航母"，这也不是不可能的。

真正实行注册制后，企业会出现优胜劣汰的现象，而股市的融资会远远比楼市融资更有利于激发经济活性。这有助于优化社会的资源配置，让更多的资金投入到能够真正创造价值的企业和个人身上。

现在我们只有几十只"大白马"能非常确定其盈利预期，但以后可能有几百只。很多人以前觉得 A 股只是个赌场，但以后不一定是。那些拥有稳定盈利预期的股更适合散户。注册制刚推行的时候，对散户很不友好，但是真正成熟之后，对散户而言反而比其他制度更加友好。

注册制落地必然会引发牛市，这不是 2015 年的经验告诉我的，而是 2005 年的经验告诉我的。"注册牛"的味道怎么样，我们没吃过，但"股权分置改革牛"，很多人都印象深刻。

而从监管层喊了几年的"慢牛"口号看，大家更希望看到的是一轮慢悠悠的"长牛"。我们不妨为自己精心筛选一些白马股，不要期待着它们会暴涨，但是在这轮"慢牛"里，我们可能会实现不错的总体盈利。

总之，克服投资恐惧心理的最佳办法，就是准确判断经济发展的基本趋势，并且选择那些已经挤出泡沫的白马股票，用稳定的预期克服内心的恐惧感，最终实现盈利。

第 4 章

找准属于你的投资生态位

A 股为何总是"牛短熊长"

每一个投资者都希望 A 股是一个"牛长熊短"的市场,"长牛"符合所有人的利益。下到散户,上到国家,没有人希望中国股市长期都是熊市。但这种众望所归的大势,偏偏无法成为现实,A 股逃不了"牛短熊长"的局面,和中国经济快速增长的基本面相背离。

如果国家经济一塌糊涂,股市不行也是自然的,但我们国家的经济发展之快令人惊叹,为什么股市还会"牛短熊长"呢?按理说,A 股的涨速和涨幅,理应远远超过美股啊,但现实恰恰相反。

实现"牛长熊短"的秘诀,其实很多专家已经找到了。股市应以机构投资者为主,因为给公司估值是一个非常困难的任务,只有机构投资者才有能力做这种事。

以散户为主的市场注定是暴涨暴跌的，哪怕是以前的美股也是如此。因为散户具备盲目性和跟风性，也就是所谓的羊群效应。只要有主力稍微鼓噪下情绪，市场就极易形成合力，待主力收割离场后，散户的天性持仓死扛就又出现了，他们往往需要长时间的折磨和漫长的绝望才能死心，所以必然导致股市出现"牛短熊长"的结果。

美国股市进化后，散户离开了股市，股市内现在以机构投资者为主，最终实现了长牛，并反过来极大地促进了美国的经济。很多人常常对此艳羡不已，那么中国股市有可能达到同样的目标吗？虽然监管层非常希望达到这样的效果，但我要说的是，这个任务确实还是有难度的。

下面，我给大家说说为什么。

任何一个以散户为主的市场都注定是追涨杀跌的，暴涨暴跌是必然特征，"牛短熊长"也是必然特征。市场要想回归理性，按照企业本身的实际价值去定价，就必须以机构投资者为主。但是在中国，这一目标很难实现。核心原因其实是很多普通人完全无法理解为什么要以机构投资者为主——我们要保护中小投资者。

这句话非常独一无二，因为我们是社会主义特色下的投资市场。其他国家的股市，并不会特意保护中小投资者。一般来说，监管层只负责监管交易各方有没有违法违规，其他一概不管。

股票市场遵循的法则

股市是资本主义市场经济的精华聚合体，里面蕴含了市场经济的所有法则。

什么是市场经济的法则？大鱼吃小鱼、小鱼吃虾米、20%的人拿走80%的收入，这就是市场经济的法则。任何一家知名的大企业，其财富的累积过程都是滚雪球式的，前期小、后期大，有可能从一开始的20个亿，到20年后的2000个亿。雪球越滚越大，大企业的财富越积越多，最后与中小投资者拉开巨大的差距。

股市跟市场经济有什么区别呢？在股市里，如果任由交易各方自由厮杀，那么各方收入的差距会更加极端化。美国曾经也有庄家，曾经也有游资和大户，美国的散户曾经也经常亏损。如果散户经常亏损，自然就没散户了。最终，大部分散户被迫把钱投给了机构，让机构代管。如果幸运的话，散户就能通过投资机构赚到大钱。如果你知道市场经济里虾米必定被鱼吃这个道理，你就应该理解为什么在股市里，散户注定会被淘汰。

散户的股市知识太少了，情绪太容易盲动了，见识和经历也太少了。散户和那些游资大户之间的差距，根本不是业余选手与专业选手的差距，而是业余选手与泰森的差距。全球的股市，都是按这个规律去运作的。

然而，根据我们国家的基本处事原则，中小投资者必须被保护，不能让散户亏损太多。保护中小投资者这个初心当然没问题，但问题的关键是，任何人都没有能力保护中小投资者。中小投资者是注定被股市淘汰的，优胜劣汰是股市必然的宿命，只有少量具备极高交易素质的人能活到最后，其他的交易主体全是机构。

为什么监管总是事与愿违

为了不让中小投资者被市场淘汰，好好地保护他们，证监会想出了一大堆办法，制定了一大堆规则。

但不管你怎么保护，都不可能让所有的中小投资者赚钱，因为很多人根本就不听你的，他们就喜欢追涨杀跌。如果他们像军队一样听指挥，天天去研究经济原理和公司价值，那他们也不叫散户了。如果中小投资者把所有的钱都交给证监会，由证监会代为投资，确实便于保护了，但那还叫股市吗？那不就成了计划经济了？

所以，还是要让散户亲自下场交易，证监会只能以行政监管的形式干预交易过程，倾尽全力地保护散户。监管的结果是，让散户从半年亏50%，变成了半年亏5%。这个成绩单其实很不错了，毕竟证监会保护中小投资者的监管行动，挽救了我们45%的损失。但对于我们来说，没有发生的损失自然不叫损失，我们只看到自己亏了5%，看不到证监会帮我们守住的那45%，而我们所有的想法，也只会基于这一事实。

所以最终的结果就是，证监会做了最多的事，却得到了很多的负面评价。

如果证监会完全不保护中小投资者，会怎么样呢？其实每隔一段时间，证监会就会出来表个态："我们要'减少不必要的市场干预'，监管层只负责执法，由市场规律进行资源配置。"结果就是，游资就开始狂欢了，散户又开始亏损。游资会说："我又没强买强卖，我看好这个公司自己想买不行吗？你眼红了，高位接盘了那是你自己投资眼光不行。这公司值多少钱难道你自己没调查清楚吗？"

游资大户合法合规地暴富，而很多散户能半年亏个底朝天，然后发誓这辈子不再踏入股市。类似的操作手法还有很多，不管市场怎么定规矩，游资总能找到相应的漏洞。散户的能力和水平与游资不是一个级别的，因为人总会存在认知差距和信息差距。

如果任由散户亏损，那 A 股的散户在投资时就会更谨慎，然后自然就进入了机构投资者的时代。但是这种行为严重违背了保护中小投资者的理念，所以游资猖獗一段时间后，监管层就会着手管控游资。这种干预市场的行为，减少了中小投资者的损失，保住了散户的元气。随着时间的推移，新一批散户又茁壮成长了。

就这样，证监会的态度始终在"保护中小投资者"和"减少不必要的市场干预"之间不断地调整，寻找平衡。最终的结果就是，中小投资者始终在亏损和盈利的循环之中，但即使遇到亏损，由于证监会的保护，中小投资者，即散户的亏损速度也会很慢很慢。同时，散户的数量高得吓人，"牛短熊长"自然不可避免。

A 股市场以散户为主的原因

有没有办法迅速破解这一死结？我想了很久，最终的结论是没有办法。彻底贯彻执行保护中小投资者这一理念，市场就被"管死"了，而且只有废除市场，回归计划经济才能真正做到让所有散户都盈利，那股市其实就不复存在了，这也和我们坚持市场经济的大方向有冲突。如果贯彻执行自由市场原则，监管层不干预市场运行，那散户会彻底地亏损，很多中小投资者会倾家荡产。游资和大户有一万种合法合规的办法把散户手里的钱都给套利。在国外，投资只要合法合规，一切都是风险自负。但是在中国，我们对普通人的资产是绝对保护的。

短期破局虽然难以实现，但我们可以花几十年时间，慢慢引导机构投资者，扶持其发展。当散户建立了对机构投资者的信任度，就能放心地把资金交给机构帮忙打理，但这条路太难了，耗时也太长了。

很多能人异士想出了很多办法来尝试着走出一条具有社会主义特色的资本市场之路，既保护中小投资者，又以机构为主，还能减少证监会的审批权，让企业自由上市，最终像美股那样实现"牛长熊短"。有没有什么好办法能同时实现以上目标呢？还真有人想出来了——给股市设置门槛，低于500万元的不准入内，中小投资者想参与，就必须把钱交给机构投资者，同时实行注册制，让企业自由上市，这样就可以解决所有问题。

这个看起来很完美的想法必须得到落实啊，于是上层监管机构特地开了一块试验田来测试这个完美的想法。

你应该猜到了，没错，这就是新三板。这个伟大的想法一度被视为A股的希望之星，最有希望建立具有社会主义特色的资本市场的存在。但现状大家也看到了，所以经济这个事很复杂，远远比我们想象的要复杂，牵一发而动全身。好心不一定干好事，坏心也不一定干坏事。

纯资本主义制度的股市我们学不来，我们不可能牺牲掉所有的中小投资者，给股市来一个大换血。而目前的A股明显存在问题，自我冲突非常严重。真正适合我国股市的具有社会主义特色的资本市场之路，虽然我们一直在尝试，但目前依然没有找到，所以A股长期会以散户为主。

坚守你的投资生态位

当我们明确了 A 股将会长期以散户为主的生态环境之后，就更加清晰了自己所处的投资生态位。大家炒股是为了赚钱，从根本上来讲，股市里的所有人都是中间力量，所有人都在犹豫徘徊，所有人都只会跟着胜利者走。所以，很多股票都没有横盘一两个月的可能性，一旦多头出现衰竭的姿态，很容易失去曾经那种一往无前、打爆所有空头的气势。空头的力量一夜之间就能暴增几十倍。向上涨的时候，多头越打越多；向下跌的时候，空头越打越多。最后，所有人都变成了空头，大家都想先跑。

游资通过炒概念影响股价，一定是在监管层的容许之内，或者在监管层发现之前，趁监管还没反应过来就撤退，打一个时间差。无论是哪种情况，他们都有一个特征，那就是提出的某种概念绝不能引发舆论关注，也不能影响国家大计。因此，炒概念股的风险极其大，因为你看好的概念，未必就是未来可以得到市场合力的概念。你手头也没有几个亿的资产，没办法主动点火引导市场情绪。对于毫无主动权的概念股来说，可能只遇到一个涨停就凉了。

然而游资承担的风险远小于散户，游资获得的收益远大于散户，因为二者的知识储备量和认知差距太大了。但是，财富只会留给那些耐得住寂寞的人。普通人实现低风险、中收益的投资，就必须在坚守自身投资生态位的基础之上，用正确的思维进行投资。

例如，2015 年那一场大牛市的诞生，题材股的炒作是主要动力。所谓题材股，就是主营业务不行，只会讲故事的股。一家企业的估值水平，除了和利润增速有关之外，还和市场情绪、利率水平有关。同样是 15% 的利润增速，一家企业放在熊市可能 20 倍市盈率都没有，甚至只有 10 倍市盈率，放在牛市却可能有 50 倍市盈率。2015 年的时候，我们鼓励文化传媒领域的发展，市场立马掀起炒作文化传媒股的热潮，因为投资者相信这些公司以后会大赚特赚。华谊兄弟的估值一度提高到了 100 倍市盈率。但是，由于缺乏实际价值的支撑，华谊提供的业绩表，是一份真实的"假表"。

散户的生存原则

为什么散户要谨慎投资概念股呢？本来股票是一个完全符合价值投资的东西，却被某些资本硬生生地玩成了圈钱游戏。无数股民的钱，就这么在并购游戏里被浪费掉了，没有创造任何社会价值。游戏结束后，一地鸡毛，无数的股民在哀号。

对于那些靠讲故事维持股价的股票，投资高手是不参与的，就算参与也是快进快出，趁着风头在，很快入场，但绝不恋战。

实际上，散户要识别这些股其实不难——看它们的利润是由什么组成的，每一块利润的稳定性、成长性究竟如何，判断它们的利润在 10 年后能否维持在目前的水平，或者大幅增长——搞清楚了再买，搞不清楚就绝对不要碰。

但某些蓝筹白马股，比如说这些年涨势不错的茅台，虽然也有暴跌的时候，但其利润来源就非常清晰，行业也是真真正正地在做业务，而不是给你玩数字游戏，且行业的"护城河"很深。10 年后，它们的利润一定比今年高，无非就是高多少而已，但很多股没有这个把握。

如果你是散户，请记住"四大不参与法则"：玩概念的股尽量不参与，玩并购重组的股也不参与，连名字都没听说过的股不参与，看不懂的股不参与。永远不追风口，不要指望一夜暴富，只追求分享中国GDP 增长的平均值的 2 倍，也就是 10%～12% 年增长率就足够了。那时候你会发现，股市投资是那么简单，也并没有那么大的风险。

避开这些坑，投资思路一下子就清晰了。

第 *5* 章

读懂房贷里的秘密

等额本息和等额本金

在你每个月交给银行的房贷里，其实蕴含着很多秘密，只不过你不知道而已。

接下来，我给大家从三个维度详细拆解这些秘密：其一，快速理解等额本息和等额本金的区别；其二，要不要借房贷；其三，用房贷来预测房价涨跌。

我知道你们想直接翻到第三条去看，但是别急，因为前面两条也很精彩。

我们先说说等额本息和等额本金的区别。对于绝大部分普通人来说，等额本息和等额本金是最容易被弄混的概念，这两个贷款模式解释起来实在是太复杂、太拗口。今天，我用简单粗暴的方法，让大家瞬间了解它们的异同。

曾经有不少声音说，房贷用等额本金好，等额本息会多交几十万的利息，真的是这样吗？答案是：错！

等额本金和等额本息的利率是一样的，它们俩最大的区别在于，如果选择等额本金，你前期还款较多，仅此而已。我现在以 100 万房贷 30 年还清举例，基准利率设定为 4.9%。如果采用等额本息法，每月应还款 5307.27 元，30 年累计还款约 191 万，你大概需要给银行 91 万做利息。

等额本息法的特点是，每个月还款额固定，在第一个月还的 5307.27 元里，有 4083.33 元是利息，1223.94 元是本金。而到了第 360 个月，你每个月还是还款 5307.27 元，但是其中的 5285.68 元是本金，利息仅为 21.58 元。

所以还有一个谣言是，等额本息法前期还的都是利息，后期还的才是本金，如果前几年没有提前还款的话，就不用还了，因为后期再还就亏大了。这一点，我后面一并讲解。我们先把等额本金法给大家也列清楚。同样是贷款 100 万 30 年还清，假设采用等额本金法，每个月将会固定还本金 2777.78 元，利息将逐渐减少，第一个月应还利息 4083.33 元，故第一个月应还房贷总额为 6861.11 元。30 年累计还款约 174 万元，比等额本息法少还款接近 20 万。

看到这个数据，你会说，没错啊，等额本金法就是省钱，我就借了 100 万，结果少还了近 20 万的利息，这么惊人的数据难道还不能说明问题吗？当然不能，实际上等额本息法对消费者来说是最有利的。

我们仔细对比后会发现，不管是等额本金法还是等额本息法，只影响你每个月还的本金数量，而不会影响你还款的利息，你还的利息其实是一样多的。看到这里你会说，不对啊，等额本金法每个月应还的利息很明显是在迅速变少的。

别急，你再仔细看看。两种还款办法，第一个月需要偿还的利息都是4083.33元，但是随后等额本金法应还的利息却在迅速减小，为什么呢?

因为在第一个月，两种办法所占用的本金，都是100万元整，所以它们当月应还利息的金额都是100万 ×4.9%/12 ≈ 4083.33元。但是这个月，等额本金法额外还了2777元的本金，而等额本息法只还了1223.94元的本金。从第二个月开始，等额本息法占用银行的本金就变多了，随着时间的推移，它额外占用的银行本金会越来越多。

占用了更多的银行本金，利率一样的情况下，应缴的利息当然应该变多。每一期应缴纳的利息，都是你当期占用的本金 × 利率，等额本金法和等额本息法均是如此。但是我们之所以找银行贷款买房，就是因为我们没钱啊，我们要是有钱就不会贷款了。至少90%以上的普通人，都希望占用更多的银行本金，越多越好。

如果能永久占用银行的本金，每期只还利息不还本金，那简直太好了，这样的条款如果能签100年，而不是30年，那这笔钱和白送给你也没什么区别了。不信的话，你可以按这个条款把钱借给我，多多益善，我来者不拒，因为这等同于送钱给我。

出于这种思维考虑，我们当然更倾向于选择等额本息法，因为这种办法前期偿还的本金极少，贷款买房的人群，绝大部分，都是现在没钱，未来有钱。而等额本金法，前期还款太多。

30年前，1000元是一笔巨款，但是今天的1000元，也许只够在餐厅吃几顿饭。等额本金法很明显有头重脚轻的趋势，并不符合普通工薪阶层合理的资金分配方式。房贷的利息只和你占用的本金多寡挂钩，和你的还款方式一点关系都没有。

选择等额本息法还房贷时，第 360 个月应还 21.58 元的利息，5285.68 元的本金。后期果然都是在还本金，那么你亏了吗？

一分钱都没有亏。最后一个月，你还欠银行 5285.68 元的本金，占用的这 5000 多元本金，按利率会产生 21.58 元的利息，这有问题吗？一点问题都没有。如果是等额本金法，第 360 个月，你应还 11.34 元利息和 2777.78 元本金。为什么会产生 11.34 元的利息呢？道理很简单，你这个月欠银行 2777.78 的本金，按照利率，理所当然地会产生 11.34 元利息。

综上所述，占用银行的本金越多，你应还的利息就越多，但是银行承担的风险和成本也越大，所以大家是公平交易。等额本金法之所以 30 年累计还的利息稍微少一点，完全是因为它前期本金还得多，占用的银行本金少。

如果你倾向于前期多还本金，那你少贷一点款就是了，或者直接提前还款，干吗要用等额本金呢？时间就是金钱，这句话一点都没错，从长期角度出发，以 10 年为单位进行考虑，随着货币的超发，你的收入一定会增加，欠钱的成本一定会减少。所以，我建议直接选择等额本息法，不用烧脑筋去对比了。如果你后来挣钱了没地方投，提前还款就可以了。

要不要借钱买房

说到提前还款，那就要提一下要不要借房贷的问题了。

很多人会说："这还用问吗？当然要借了，借得越多赚得越多啊，大家都这么说。"由于过去 20 年房价始终上涨，这个逻辑是没错的，房贷的基准利率是 4.9%，只要房价增幅超过这个数值，那么贷款买房就一定是划算的。对于没有钱，只能靠未来的工资还贷的人群来说，只要房价增速大于 4.9%，你借房贷是没有错的，它能让你迅速有个家。

但是对于一部分人群来说，他们除了借房贷之外，还会把手头的现金借给别人或者金融企业来吃息差，这样的人还不少。很多人认为，自己欠着 4.9% 的房贷，用 8% 的利率把钱借出去，一年净赚 3%，简直不要太聪明。但是，前提是没碰到银行坏账。何为银行坏账？银行借出去的钱如果收不回来那就叫坏账，这笔钱是按亏损计算的。

打个比方，如果你借钱给 100 个人，息差是 3% 的话，只要有 3 个人不还钱了，你就是亏的。为什么银行贷款利率低？因为银行基本只给资质好、有抵押物的企业借贷，风险低，利率当然可以低。为什么小微企业利率高？因为这些企业资质差、风险高，通常还没有抵押物，利率当然高，息差不高不足以覆盖这个风险。

房贷对银行来说只是略有风险，因为借房贷的人有房子及个人的终身信用作为抵押物，所以银行房贷的利率，可能是你这辈子能见到的最低的商业贷款利率了。但是房贷对你来说，却有着 100% 的风险。中国贷款买房实行的是个人无限连带责任制，除非你愿意放弃自己的未来，否则这笔贷款是必须还给银行的。

如果你把钱放出去的利率是 8%，那么你的坏账率必须低于 3% 才算赚钱；如果你把钱放出去的利率是 12%，那么你的坏账率必须低于 7% 才能赚到钱。所以，在借出钱之前，你要认真评估对方赖账的概率，钱放出去，可不是一定能收得回来的。不要相信什么兜底保本，碰到极端金融风险，连银行都能破产，何况那些小型企业。这几年有很多人为了 8% 的收益，把钱存到现在被清退的 P2P，自己还欠着几十万房贷，现在这些人都面临着很大的风险。

所以，如果你手头的项目息差只有区区几个点，但是你评估对方赖账的概率还不止于此时，你还不如把钱直接存银行。但是银行的理财收益一般是 4% 左右，比你房贷的基准利率低了近 1 个点，所以你如果在欠着房贷的时候把钱拿去理财，那肯定亏损。

对于这部分人来说，直接把钱提前还贷，是最佳的选择。这世界上，不是所有人都愿意去借房贷的，只能说大部分人愿意借房贷。而有些人，就是愿意全款买房。当然，很多人不这么做的原因，是他们没有付全款的钱。

用房贷来预测房价涨跌

接下来，我给大家介绍一下用房贷来预测房价涨跌的秘诀。我们都知道，房价就像一个货币游戏，房价 = 货币量 / 供给，涌入房地产领域的货币的多寡，会直接影响房价的高低。我们的房贷，有一个基准利率，是 4.9%，但是国家会依据宏观环境，对房贷利率进行上浮或下调来控制房贷总量。

根据历史经验，当房贷利率上浮的时候，从未出现过房价的暴涨，一次都没有过，因为这是比限购限贷更厉害的调控措施，从货币供应量上进行了釜底抽薪。而在房贷利率下调的时候，房价要么止跌，要么暴涨。

以 2015 年房地产去库存为例，为了达到去库存的目标，有的银行甚至能批出来 7 折的商贷。什么意思呢，就是基准利率 4.9%，打个 7 折，利率仅为 3.43%。而到了 2018 年和 2019 年，很多地方的房贷利率上浮了 20%，这代表你的房贷利率是 5.88%，如果是上浮 30% 的地方，那房贷利率就高达 6.37%。

这个息差太大了，有的地方甚至就直接翻倍了。很多人买房，压根儿不看利息，只要银行肯放贷，提笔就签字。只要横盘时间略长，他们完全有可能被利息压垮。在房贷利率下调 20% 甚至更多的时候，地方想托价的意愿已经非常强烈了。这个时候会有两个结果：第一个结果是房价没托住；第二个结果就是房价直接暴涨。房地产行业底部出现 L 形横盘的概率非常小，因为货币巨龙是极难被精确控制的。

在过去的 20 年里，房地产一直是大牛市，从未崩过，所以只要房贷利率大幅下调，结果只有一个，那就是房价短期内大幅暴涨。当前的房贷利率，是上浮状态，随着时间的推移，狂热人群的购买热情冷却，房价会承压，这时候利率上浮的比例也许会越来越低。

当房贷利率下调 20% 或更多的时候，货币政策基本就到底了：利率再下调，银行放房贷就是在做慈善了，根本挣不到什么钱，凭空负担风险。这种情况出现时，市场会开始引导资金进入楼市，进行护盘托市，这是崩盘和暴涨的临界点。如果你是认为楼市随时会崩盘的悲观主义者，那任何情况下你都不会买房的，你也不用考虑时机了。但如果你不是这种极端的悲观主义者，那么此时，是你杀入房地产买一套房的最佳时机。

不过退一步说，楼市若真的扛不住了，对其他行业也会产生影响。而如果你要买的是刚需房，可以不用等这个临界点，普通人也等不起。

总之，我们是真的可以通过房贷利率来预测房价涨跌的。因为房价的本质，是一个货币游戏。

第 6 章

财富的延续：
如何实现家族财富的传承

为什么我们觉得富家子弟难成才

每个家庭都会涉及一个问题，那就是财富传承。绝大部分普通家庭，都很担忧自己的后代不成才，导致自家的血脉未来坠落到下一个阶层。富豪家庭就很少担心这个问题。其实富豪家的孩子，自身再努力，似乎也很难被外人看到。在大家看来，富豪家的孩子很少有方方面面都优秀的，有人甚至戏称"富豪家庭的孩子难成才"。

为什么会出现这种情况呢？是因为富豪家庭的家庭教育没搞好吗？不，是因为大家关于孩子成才的标准不一样。

如果我们只用收入水平这个简单粗暴的标准来定义何为成才的话，对于贫穷的农村家庭来说，如果能培养出来一个年薪 10 万的孩子，那已经相当满足了，这绝对算得上成才；如果能培养出来一个年薪 20 万的孩子，那简直是非常值得称颂的。如果这个孩子愿意在本村附近找对象，那他在婚恋市场上的竞争力会很强。

对于城市中产家庭来说，如果能培养出来一个年薪20万的孩子，也算是世俗意义上的成才了。左邻右舍的孩子们，能达到这个标准的并不多；如果能培养出来一个年薪百万的孩子，那是极为难得的。

但对于富豪家庭来说，想把孩子培养成才，那就太难了。为什么呢？对于家产过亿的家庭来说，假设年化收益仅为4%，一年的收益至少有400万；对于家产过百亿的家庭来说，假设年化收益仅为4%，一年的收益至少有4亿；对于家产千亿的家庭来说，假设年化收益仅为4%，一年的收益至少有40亿。这样的家庭，他们的孩子的年薪是20万还是100万并无意义，哪怕他们的智力、工作能力也是出类拔萃的，但还是很难简单地以薪资水平体现出来，家庭年收入是4亿零20万，还是4亿零100万并无区别。所以对于这样的家庭来说，一个能力已经强到可以靠自己挣到百万年薪的孩子，当然不算他们眼中的成才。如果这样的孩子因为能力比普通人强就自信心膨胀，胡乱投资导致亏损几个亿，那甚至还不如乖乖守着家业的普通孩子靠谱。

难成才是因为标准高

富豪家庭极端重视教育，而且非常舍得在教育上投资，所以很多富二代的综合素质也相对较高。

调查显示，中国有43%的人，月入不足1000元；有95%的人，月入不足 5000 元；有 99% 的人，月入不足 1 万元。但 99% 的富二代，如果愿意出去打工，且完全不依赖父辈的资源和关系网的话，拿到年薪 10 万～20 万的工作都非常轻松，其中一部分拿到年薪百万的工作也不难。这说明富二代的基本综合素质是远超普通家庭的，但这已经是富豪家庭天价教育费砸下去能培养出来的极限了。

教育很重要，但不是万能的。那些年收入高达千万甚至上亿的人，天赋的因素占据极大的比例，绝对不是靠家长砸教育费就能教出来的。这样的人，极度罕见，落到富豪家庭和普通家庭的概率是一样的，几万甚至几十万个家庭里面才会出一个。富豪们可不敢指望自己的运气这么好，默认孩子不成才，这才是最靠谱、稳妥的选择。

人们常常产生一个偏见，认为"富二代"普遍不成才。其实这并不是因为他们太弱，而是因为他们的父辈太强，以至于把成才的标准提得太高太高，高到令他们绝望的地步。而每一个富一代的崛起，天赋、努力和运气这三者都缺一不可，三合一的情况下才有可能诞生出一个白手起家的富一代。每一个富一代，都知道自己的崛起有多难、多侥幸。虽然他们赚了很多钱，但他们每一个人都深深地体会到了这些钱有多难赚。

对于自己的后代能否和自己一样辉煌这个问题，他们很少抱太大的希望。有人说，打天下难，守天下更难，这句话既对也不对。首先，打天下绝对是要比守天下难的，而且要难得多。是白手起家赚 1000 亿难，还是守着 1000 亿的家产不败光难？我觉得这其实不算个问题，因为毫无可比性。

但守天下，确实也很难。老祖宗打下了万里江山，留下了那么好的局面，后代们只要不败祖业，就算是好皇帝了。倘若还能开疆拓土，那可是要大书特书，名留青史的顶级明君。

所以打下江山的富一代，普遍为子孙后代如何守天下这个问题大伤脑筋。姚明的孩子打篮球，也许很难达到姚明那个高度，甚至进国家队当个替补都难；刘翔的孩子去跑步，基本不可能达到刘翔那个高度，甚至也不一定能进国家队。同理，首富的孩子去自主创业，也基本不可能达到首富那个高度，甚至不亏钱都难。这是自然规律，没有任何办法，不是努力和教育能解决的。

默认孩子不如自己，可能才是对自家孩子最好的保护。然后，富豪们会用其他办法来解决这个问题，实现家族财富的代代传承。

我国传统的"耕读文化"

孩子不成才，如何实现家族财富的传承？我们先看看古代富豪们是怎么做的，再看看现代富豪们是怎么做的。

古代是官本位制度，是否成才以科举当官为标准。官宦世家们如何确保自己的孩子通过科举？没有任何办法可以确保，孩子金榜题名只是小概率事件，无法通过科举才是常态。如果以会读书、能吟诗作为成才标准，那官宦世家的后代可能个个都是成才的。但如果你用通过科举当进士作为成才的标准，那那些官宦子弟基本很少有成才的。一门三进士，那可是流传千古的佳话，极其难得罕见。

绝大多数的官宦世家，都是七八代，甚至十几代才能出一个进士。他们最常说的话，不是"我家有几个进士"，而是"我祖上几代之前，曾经出过进士"，这还是建立在官宦每一代都至少有五六个甚至更多的男丁来博概率的前提下。古代那种环境下，家族中只要出了一个进士，整个家族都如同鸡犬升天，能赚钱的生意基本都会涉及一点，但这些钱都会随着进士的去世而消失。

为了能让家族的财富熬到能再出进士的那一天，官宦世家们必须寻找一种可以流传百年，甚至数百年的财富传承办法。所以，古代所有的官宦世家，都不约而同地选择了一种家族传承体系，那就是以"耕读传家"为价值取向形成的耕读文化。中国的耕读文化源远流长，诸葛亮也说自己躬耕于南阳。这句话不是指诸葛亮需要亲自下地耕田，抽空才可以读书，而是诸葛亮家在南阳是大地主，每年可以收到大量的地租，然后用这些地租去供养诸葛亮和其兄弟们读书及游学。

进士们把家族的财富全部置换成可以每年稳定收租的土地，然后立下家训，"崽卖爷田者"为不肖子孙，这样就建立起了自家的耕读制度。自家那些考不上进士的"傻"儿子每年都会收到一笔地租，这笔钱足够养活一家老小，过上体面的生活，并且让"傻"儿子们的孩子受到最好的教育。儿子不行就培养孙子，孙子不行就重孙子，再不行就重重孙子。虽然后代们成才的概率很低，但只要时间够久，总能等到一个有出息的子孙使家道中兴。

平时那些不成器的子孙后代，被砸下了那么多的教育费，哪怕考不中进士，考个秀才还是没问题的，运气好的还能混个举人，多少有点收入。结合家里每年提供的庞大地租，拖时间不成问题。这就是百姓口中的官宦世家，而他们给自己取了个好听的名字，自称为"耕读世家"。

而现代的富豪们，采用的办法也差不多。他们给后代们准备了大量的收租型物业，财产更庞大的还会准备很多收租型股票，顶级的甚至直接收购收租型公司。不求后代有多少才华，当个挂名总裁，起一个监管作用，看好这份家产就行了。收租真的很简单，再笨的娃都会。

新时代的耕读传承

中国进入现代化工业社会后，农业经济已经无法传承社会的主流财富，所以需要建立一个新的耕读传承体系。工业社会也是可以收租的，只不过收租工具变成了物业和股票。收租型物业是指在只看租金的情况下，可以长期持有永不卖出的物业。所以住宅直接就被排除掉了，目前住宅的年平均租金回报率仅为 1.5%，扣除空置率后更低，这种级别的租金只能自住，靠它来传承财富是绝对不可能的。

也许这种高估值可以再维持 10 年，甚至 20 年，但绝不可能维持 30 年、50 年。而真正的耕读世家，是需要传承几百年乃至上千年的。现阶段，适合做中国家族财富传承的收租型物业是商业地产。10 年前，商业地产非常红火，那个时候有句话叫"一铺养三代"，谁持有商铺谁发财，写字楼同理。租金收入其实没那么离谱，主要是因为售价涨幅太惊人了。

而今天这个时代的商业地产，已经需要"三代养一铺"了，因为在过去 10 年里，投资商铺和写字楼的人都亏惨了。10 年前，最好的地段一定是给写字楼及商铺的，开发商抢着建；而 10 年后的今天，商业面积是要靠政府强制搭配的，不然开发商根本就不想要。即便被强制了，开发商也会先建好所有的住宅回笼资金，拖到最后才开始建写字楼，而且想方设法地将其建成所谓"商住两用"的公寓。商业地产从极热到极冷的转折点，就是其所得税和增值税的征收。今天的商业地产，买入后你就不要想着卖出了，增值部分的税费太高，流动性奇差无比，基本断绝了你通过商业地产获取炒作利润的可能性。曾经的住宅价格要比商业地产便宜得多，但今天却反过来了。

我对商铺不熟，而且商铺的选择对地段要求太高，很难互相参考。所以我在购买完自住改善房之后，打算给家里的儿子准备一些写字楼。武汉写字楼目前的租金率达到年化 7%～8%，综合空置率大约是 30%，扣掉压在开发商手里没出售的，业主空置率应该在 20% 以下，计算得出的最终收益率在 6% 以上。由于疫情的影响，武汉的商铺租金虽然大跌，但写字楼的最低售价也跟着大跌，大体收益率还是差不多的。

购置写字楼作为收租型物业还有一个最大的好处，就是价格透明、租金透明、适合新手。同一栋楼里，租金的差距不会太大，售价和租金价都是全透明的，简单计算就可以得出投资回报率，不用冒险赌眼光。购买之前，可以从这栋楼的 1 楼走到顶楼，逐层查看真实的出售情况和出租情况。

很多人能买写字楼就不会去买期房，因为到处都是现房。交房两三年都没卖完的写字楼比比皆是，比价计算非常容易。

房产传承意味着必须长期持有，那么还有一个很重要的问题，就是土地使用权限。你的房子，是有使用寿命的，给你的土地使用权，也不是无穷无尽的。使用寿命不是什么大问题，哪怕房子是木质结构的，只要你舍得花钱，经常翻新、维护，持续上千年都没问题。混凝土高楼在欧美那边已经有将近一个半世纪的历史了，只要经常花钱维护，就能看起来和新的一样。

如果你有钱了，财富靠什么方式传承

商业地产的使用权限是一个大问题。商业性质的土地只有 40 年的使用权限，到期后的房地产税有多高呢？我们现在还不知道，但商铺、写字楼和公寓都面临这个问题。但缴税是好事，缴税代表我们会得到法律的保护，不缴税那才是麻烦事，要是到时候不准你缴税，那你才该心慌了。关于土地使用权到期之后的房产税的预期，已经反映在今天的市场价格里了，写字楼的租金完全是靠市场化调节的。但很多住宅用户并没有这个觉悟，他们几乎不考虑 70 年后的土地使用权问题，默认这个东西是可以世世代代使用下去的。虽然新颁布的《民法典》规定了，我们今天购买的房产 70 年后可以继续住，但很显然，必须补缴土地出让金或者房产税，这就是代价。

哪怕是欧美国家的土地，都要年年缴纳房地产税，我们也不可能出现无代价、永久性持有土地的情况。无非就是到时候用什么办法来解决问题而已，想彻底避税那是绝对不可能的。

住宅类房产之所以能冲到今天这个价格，完全是因为其价格的涨幅已经超越了租金回报，短期投机的话收益很高。你要是自住，这是刚性需求。如果你想借此升值也没问题，但要自己把握卖出的时间，且一定要卖出，因为泡沫不可能无穷尽地膨胀。所以今天的住宅类房产，其价格就已经决定了它不可能成为百年以上的财富传承载体。

如果你非要囤房，想借此将财富传承给儿子或孙子，到时候肯定会失望的。我们可以对比下 2000 年的商业地产价格、2010 年的商业地产价格和 2020 年的商业地产价格。没有恒定不变的地产政策，更不可能有永恒不灭的地产泡沫。当年的商业地产泡沫，不亚于今天的住宅地产泡沫，但最后还是被压下去了。而今天的住宅地产泡沫，也许10年不破，20年不破，但我们敢说30年、50年都不破吗？

能永恒起作用的，一定不是政策，而是事物本身的价值规律，也就是租金回报。明面上7%～8%年化收益，扣除本地城市空置率后6%以上的年化回报，完全可以成为耕读世家用来传承的新根基。至于买入后只能收租，无法转手这个缺点也不必担心，耕读世家持有的房地产从来都是只租不售，长期持有和预期持有的期限甚至不是几十年，而是几百年，卖祖田是被写入祖法、明令禁止的败家行为。这就是富豪们喜欢收租型物业的原因。

我虽不熟悉商铺类地产，只熟悉写字楼，但两类地产的原理是相通的，都是"傻瓜型收租模式"，越"傻瓜"，越适合传承给后代。更高端一点的传承办法，就是寻找收租型公司，购买其股票。什么样的企业可以辉煌百年，你就买入什么样的股票。比如说苹果公司和微软公司这种高科技企业，虽然很牛，但传承百年的概率非常低，只适合投资高手买入，一旦有衰落迹象必须尽快卖出。但像可口可乐这样的公司，传承百年的概率就很大，远远大于苹果公司。别看那一杯糖水不起眼，但被取代的概率很低。

其实A股也有类似的公司，即便是可口可乐公司的股票，也最多只能传承百年，很大概率在几百年后就不存在了。而你百年之后，儿孙们也许连以百年为频率更换新传承股票的能力都没有了。更有可能出现的情况，是这些子孙换了新的股票，最后亏得一塌糊涂。

所以，很多富豪想了一个办法：给子孙们留下ETF[1]，即交易型开放式指数型基金，或者干脆成立一个家族基金公司，聘请专业人士来打理，做低风险、低收益的投资组合。每年，像收租一样收取一点回报，按通胀率增大一点本金后，将其他的钱分下去，确保后代都能获得良好的教育，这就是新时代的耕读传承。

今天的富豪们，传承财富的难度远大于古代。以前，富豪们每代可以生五六个甚至七八个乃至于一二十个孩子，而今天普遍是一两个。以前的大户人家，需要经过五六代甚至十代，才能等到一个有出息、有大才之人重振家世。今天的富豪们，有些人怕是几个世纪都等不来一个优秀的后代。但他们依然把自己能做的全做了，剩下的就是尽人事，听天命了。

上面说的虽然主要是富豪们的财富传承办法，但同时解释了很多他们这么做的原理。对于中产阶层来说，这些原理是可以参考的，挑选其中一部分做自己的财富继承安排，哪怕只能维持三代，也比什么都不做要强。至少和那些放任自流的人相比，你的财富流传下去的概率大了三倍。

---

1 交易型开放式指数基金，通常又被称为交易所交易基金（Exchange Traded Fund，ETF），是一种在交易所上市交易的、基金份额可变的开放式基金。

趋势篇：

洞察投资趋势，"躺着赚钱"并不难

第 **7** 章

永远不要和趋势作对

选择大于努力：买对"蓝筹白马股"

你的选择要大于你的努力，正确选择的衡量标准，就是你未来发展的方向与市场的趋势的符合度。30年前，如果你比大多数人更早投身于市场经济的大潮，你就很有可能成为改革开放后的第一代企业家中的一员；20年前，如果你在北、上、广买一套房产，如今你的身家就会是同龄人的数倍；10年前，如果你买入腾讯的股票，现在很可能已经成为百万富翁了；5年前，如果你开始做知识付费，或许现在你已经成为一名网红大咖了。不要和趋势作对，经验越丰富的人越能体会这句话的力量——做趋势的朋友，时代的大潮会成就你的人生。

但趋势并不是定数，而是在不断变动的。如果趋势变动的时候你不顺应趋势，则很有可能遭到趋势的"毒打"。以股市为例，近几年蓝筹白马股狂涨，中、小盘个股狂跌。很多人在蓝筹白马股里赚钱了，也有很多人固守原有思维，陷在中、小盘个股里疯狂亏钱。个股均价跌 4%，几乎就是一场小型股灾了，而这样的情况还经常出现。但这并不影响蓝筹白马股的股价创出节节新高。顺应趋势买入蓝筹白马股的人，莫名其妙地就赚钱了。

蓝筹白马股为什么能在这几年成为趋势？因为在以往的很长时间里，蓝筹白马股都不是趋势。最近 10 年开户的股民，都会被周围的人谆谆告诫：买什么都不要买蓝筹白马股，一定要买"妖股"和小票。蓝筹白马股上涨，那就是在吸整个股市的血；蓝筹白马股下跌，才是真正赚钱的时候。

如果是糊里糊涂的新散户，绝对不会如此刻意地歧视蓝筹白马股。那些看起来"精明"的人，反而不如误买了蓝筹白马股的新手盈利多。

为什么会出现这种现象？因为这些"老股民"炒股时间短，而且不知道总结历史。蓝筹白马股的牛市，是从 2015 年才开始的。上一轮蓝筹股的牛市是从 2005 年开始的，经历过 2005 年牛市的股民，都知晓买大盘蓝筹股更加符合股市趋势的发展。在那个阶段，一家公司必须有非常好的营收和非常好的利润，股价才会上涨。只有概念和华丽炫酷的 PPT，但营收和利润一塌糊涂的题材股，并不受秉持价值投资理念的股民欢迎。

2005—2008 年，上证指数 [1] 从 1000 点涨到了 6100 点，总共翻了 6

1　上海证券综合指数，简称"上证指数"或"上证综指"，其样本股是在上海证券交易所全部上市股票，包括 A 股和 B 股，反映了上海证券交易所上市股票价格的变动情况，自 1991 年 7 月 15 日起正式发布。

倍。最终，所有的人都达成了共识——越大盘子的股票越容易上涨，因此大盘蓝筹股票备受青睐。市盈率破百，甚至几百的蓝筹白马股，在那个年代很常见。从价值投资的角度来看，只要长期持有好公司的股票，未来必然可以回本。就比如中国石油，号称是一只可以留给孙子的好股票。如今，价值投资已经成为一种信仰（图 7–1）。

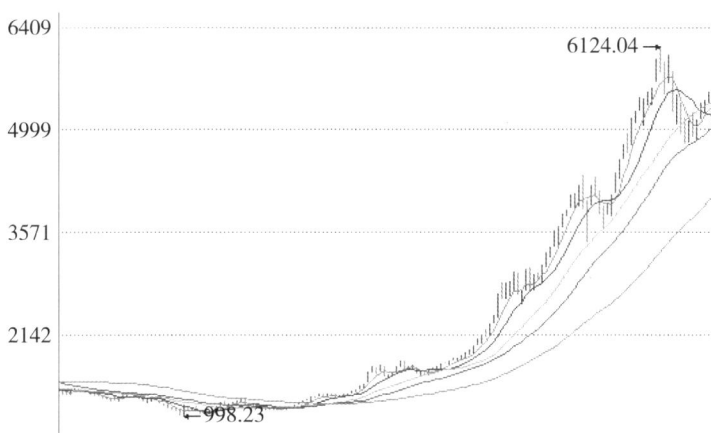

图 7–1　2004 年 12 月至 2008 年 1 月上证指数 K 线图

看懂价值投资的兴衰

然而，在 2008 年，股票大破灭发生了。上证指数从 6100 点一路跌到 1600 点，虽然有关部门动用了所有能用的救市手段，甚至印花税都一降再降，也没能阻挡大破灭的行情。就连贵州茅台这样的股票，在 2008 年也跌得只有峰值股价的 36%。最终在美国金融危机后的大放水背景下，有关政策相继出台，整个 A 股才算稳住了，然后又出现了一场大反弹，A 股直接翻倍了，从 1600 点涨到了 3400 点，这是蓝筹白马股最后的辉煌。

后来的 A 股陷入了泥潭，在 2000—3000 点之间不断震荡。能十几年保持优良业绩不变的股票很少，很多公司的业绩又在之前被过度透支了，所以买入蓝筹白马股的股民普遍遭受了亏损。号称能留给孙子的中国石油，真的只能留给孙子了，其业绩始终没有支撑起自己的股价。

价值投资的信仰破灭了，股民们再也不相信什么业绩和长期持有一说。哪怕是少有的几个业绩年年增长的蓝筹股，在那个年代也不受人待见。比如茅台，业绩确实好，股价也确实在涨，但股价的涨幅真的对不住茅台给股民提供的分红。茅台在 2008 年的巅峰市盈率，达到 101。到了 2014 年，市盈率只剩 8.83。

假如 2008 年茅台的利润和 2014 年的利润等同，茅台的股价应该已经跌了 90%。幸好那 6 年茅台的业绩上涨都很惊人，才支撑起了自己的股价。但经常分红的茅台这样也没能获得市场认可，很多公司因为看不到任何好处，就很长时间不分红。但是，没有真金白银的分红，公司业绩再好也和散户股东没有任何关系。股民也没办法清晰地区分好公司和坏公司。

于是，在 2012 年前后，概念股兴起了。有题材、有概念、能画饼、能讲故事证明自己的公司未来会有多辉煌，那你的股价就可以大涨。很多人看大盘指数，觉得 2012 年到 2014 年的 A 股在 2000—2400 点窄幅震荡，没有任何赚钱效应。但实际上，那几年炒妖股、壳资源概念股的人都收获颇丰。2012 年的创业板指数是 585 点，2014 年的创业板指数是 1500 点，翻了将近 3 倍。在垃圾股巨大的赚钱效应下，价值投资理论遭遇了最后一击，被彻底埋入了历史的垃圾堆。

还坚守在蓝筹白马股里，苦苦等待价值回归的老派股民们，再也没有等到蓝筹股的春天。

题材股、概念股的幻灭

2014 年下半年，牛市爆发了。这是距今最近的一次牛市，也是所有新股民有印象的一次牛市。但是在这次牛市里，蓝筹白马股的涨幅远远落后于本行业的垃圾股。能代表那个时代的股票，是乐视网、全通教育、暴风科技，是那些拥有辉煌概念和"未来"的 PPT 公司的股票，而不是扎扎实实做业绩的传统公司的股票。在 2012 年到 2015 年这三年的大暴涨里，所有股民达成了共识，普遍认为题材股就是好股票，要赚钱一定要买中小盘个股。只要你肯讲故事，你 PPT 做得漂亮，我就愿意买你家的股票。至于未来能不能兑现，其实没人在意。

2015 年，题材股的大幻灭出现了。表面上看这是一次杠杆股灾，本质上还是中小盘的 PPT 概念股在三年之后再也没办法自圆其说造成的。在股灾救市中，国家大力购买各路蓝筹白马股，毕竟蓝筹白马股是市盈率有 10% 的龙头股票，比那些只讲概念的中小盘垃圾股更有投资价值。各行各业的龙头白马股，在那场股灾中的股价都没有下跌太多，因为它们本来就没怎么涨。但各路散户还是坚持在中小盘个股里炒来炒去，因为这些年他们只在小股票上赚到过钱。

2019 年，蓝筹白马股的行情彻底兴起，各路蓝筹白马股大涨。在蓝筹白马股中赚到钱的新股民，当看到盈利比例超 50% 的那一刻，立即变成了价值投资派的信徒。其实，那些所谓的"股神"只是顺应了趋势而已，而那些还坚守在中小盘个股中，苦苦等待题材概念价值回归的"老派"股民，只是在对抗趋势，做无谓的挣扎。和 2008 年的中国石油一样，乐视网成了 2015 年股票大破灭的代名词。

每个时代都有每个时代的趋势，趋势总归会变。跟着趋势改变自己，你就是"股神"。历史总是在不断地轮回，太阳底下从来就没有新鲜事。

第 **8** 章

学会利用周期的力量

始于 2003 年的"猪周期"

现实中，猪肉的价格波动遵循"猪周期"的影响最为明显，而从猪肉价格的周期变动中，我们往往能够一叶知秋，洞悉中国资本市场的投资规律。

有人认为所谓"猪周期"就是猪肉行情好的时候有人养猪获得了暴利，然后大家一窝蜂地去养，导致猪肉过剩后其价格暴降，市场被迫削减养猪数量，从而引来新一轮涨价，导致猪价再次暴跌，如此反复循环就叫"猪周期"，这是一个非常错误的认知。有关部门建立了冻肉收储制度，并发展出了一批如温氏食品集团股份有限公司这样的巨无霸养猪企业。市场上各种逆周期的举措的效果越来越强，但是"猪周期"依然存在，这是为什么呢？

中国是世界肉类消费的第一大国，而猪肉又是所有肉类消费里面的绝对大户，所以猪肉价格的涨跌，能直接影响我国的物价走势。

中国的肉类消耗量，随着经济的增长而逐步提高。在加入WTO（世界贸易组织）以前，中国并没有那么富裕，肉类消耗量也不大，猪肉的主要提供者是农村的散养农民。对于这些农民而言，养猪是一个业余时间做的事情，他们根本不指望靠养猪发财。

所以在2002年之前，中国的肉价非常稳定，基本和通货膨胀的速度成正比。但是自2001年12月11日，中国加入WTO后，经济出现了大腾飞，这对猪肉的价格产生了很大的影响。影响分为两方面：首先是中国人越来越富有了，猪肉的消费能力大幅度增长；其次是大量农民进城打工，散养猪的农户越来越少，猪肉的养殖开始专业化、规模化。生猪养殖被大规模集中之后，猪肉的养殖成本降低了，猪肉的养殖规模提升了，但是坏处也随之而来。

在农户养猪的年代，猪被高度散养，即便有什么瘟疫，也很难大规模扩散。而养猪的主力变为养殖场之后就不一样了，瘟疫一旦出现，极易大规模传播，以养猪为生的养殖场也不能像农民那样说不养就不养。所以，从肉猪养殖开始规模化、集中化之后，中国就出现了所谓的"猪周期"。"猪周期"并不是散户过多引起的，而是散户过少引起的。因为中国的"猪周期"，本质上是猪瘟的周期。

2003—2006 年，猪的故事

2003 年春季，中国暴发了"非典"疫情。为了遏制"非典"疫情，卫生部要求最大程度地减少全国范围内的人员和物资的流动，防止病毒扩散。这导致生猪主产区的毛猪完全无法外运，被迫在产地销售。产地的猪肉严重供大于求，养殖场出现了巨额亏损，被迫削减养殖数量，全国的生猪存栏数大幅下降。看到大量杀猪的行为，就算是最普通的农民都能预测到未来猪价会大涨。大型养殖场一个月能亏损一百万甚至几百万，仔猪 4～6 个月就可以出栏了，速度极快，而且养猪行业从来都是一个高杠杆的行业，根本扛不住消耗。所以，为了能熬到猪肉涨价那一天，大家会纷纷减少存栏的数量，让自己能活得更久。

随着"非典"疫情的好转，猪肉价格迎来了爆发式上涨。从 2003 年 7 月开始，全国的毛猪价格从 5.83/ 公斤快速上涨，到 2004 年 10 月涨至 9.66 元 / 公斤，涨幅达到 66%。和丰厚利润一起到来的，是逐步回升的养猪数量，2005 年，全国的生猪出栏数量创下历史新高，在市场力量下，猪肉价格开始逐渐回落。

2006—2012 年，猪的故事

到了 2006 年的春天，"高热病"出现在江西，这是中国养猪史上从未出现过的浩劫。这次的猪瘟疫情蔓延全国，整整肆虐了大半年。这场瘟疫死猪无数，各个企业都没有什么太好的解决办法，只能采用强行隔离和灭杀活猪来终止瘟疫。直到强行终结瘟疫时，人们都没弄明白到底是什么病毒引发了这场瘟疫。一直到 2007 年年初，人们才搞清楚病原体是蓝耳病病毒。这次瘟疫将中国的猪肉价格直接打回到 2003 年 7 月的最低点，并从源头上直接消灭了中国大量的存栏猪，不管养殖户是否愿意，都无猪可养。

随着瘟疫的结束，从 2006 年年底开始，中国猪肉价格再次出现了暴涨。毛猪的价格从 6.26/ 公斤暴涨到 2007 年年底的 16.34 元 / 公斤，涨幅达 160%，熬过去的养殖户都发了财。在暴利之下，养殖场拼命地扩产能。于是在 2008 年，出栏毛猪数量和存栏母猪数量都达到了天量，远超历史峰值，毛猪价格一路走跌，并且跌了整整两年。猪价就这么慢慢地阴跌不止，但大家都死扛着，赚一点点钱就卖，不亏本就行。

如果没有意外的话，猪肉价格可能就稳定在小幅波动的范围内了。但是 2009 年年底，中国养猪业连续遭受口蹄疫和卷土重来的高热病的袭击，生猪大量死亡，养殖户大批破产，2010 年，存栏猪数量大幅下降。

我们可以得出一个初步的结论：即使猪肉价格下跌，养殖场也很难破产。养猪之所以被称为高风险行业，是因为猪瘟。国内一旦暴发类似疾病，养殖场就会大亏特亏。染病的养殖场血本无归，可能会疯狂地偷偷甩货，打击市场，黑心商贩甚至用 1 元 / 公斤的价格甩卖病死猪。从 2010 年年底开始，毛猪价格从 9.75 元 / 公斤暴涨到 2011 年 9 月的 19.78 元 / 公斤，直接翻倍，暴利引发各路养殖场疯狂扩产能。

2012—2018 年，猪的故事

从 2012 年开始，猪肉价格一路下滑。不出意外的话，猪价会在盈利线附近小幅波动。但世事难料，这次没有瘟疫袭来，这次强行杀猪的是政策。2014 年政府出台政策，鼓励大规模集中化养殖，清退不符合环保政策的小规模养殖场。大概有 500 万家中小规模的养殖场在 2015 年被迫关门，而养猪的巨无霸企业温氏食品集团股份有限公司，就是在这一年被扶持进创业板的。大量的养殖场被清退产能，市场供不应求了，猪肉价格自然暴涨。所以在 2015 年，全国毛猪价格直线上涨，从 10 元/公斤开始上涨，在 2016 年 6 月涨到了 21 元/公斤，突破了历史最高点。

从 2017 年开始，猪价再一次开始一路阴跌。2018 年下半年，非洲猪瘟来袭。中国的养猪业经历这么多次瘟疫，这是第一次以"猪瘟"命名的瘟疫。事实上，非洲猪瘟也是让世界上所有国家谈之色变的一种病毒。这是一种专门针对猪的病毒，无药可治，且感染力和生存力特别强。按历史数据进行计算，大规模猪瘟暴发的次年，由于存栏猪数量的大幅减少，猪肉价格都会直线上涨。所以 2019 年，猪肉价格必涨，且会慢慢地一路上涨，最终涨幅会达到 50% ～ 100%。

中国的"猪周期"本质上就是猪瘟周期，猪肉价格的每一次剧烈波动都是由猪瘟引起的，从而使生猪大幅减产。中国的农民并不傻，就算他们算不清周期，像温氏食品集团股份有限公司和碧桂园集团这样的大型企业，也会有足够的人才来算清这个周期。超巨型养猪企业没办法逆转这个行业周期，因为它们逆转不了瘟疫。

2019—2021 年，猪的故事

当年的非洲猪瘟导致了中国的猪肉缺口达到了 30%～40%，于是肉价飞天，大量的百姓只能改变口味，吃鸡肉、鱼肉。

2019 年 12 月 4 日，农业部发布了《加快生猪生产恢复发展三年行动方案》，里面的行动目标写着：

今年要尽快遏制生猪存栏下滑势头，确保年底前止跌回升，确保明年元旦春节和全国"两会"期间猪肉市场供应基本稳定；确保 2020 年年底前产能基本恢复到接近常年的水平，2021 年恢复正常。

换句话说，农业部的计划是让猪肉价格于 2020 年年底恢复正常水平，也就是补足 40% 的缺口。

1 年的时间，全国的猪肉产能几乎翻倍，供应量从 60% 恢复到 100%，让肉价在 2021 年恢复正常。而实际的生猪存栏量和肉价的走势，几乎和农业部的规划丝毫不差。猪肉产能翻倍只需要短短 1 年的时间，"爆量"如此之快，不仅被预测到了，还实现了，这说明猪肉产能的"爆量"并不难。

我们不太能看到肉价大反弹。如果有必要，一年的时间内，猪肉产能甚至可以再翻倍，只要你吃得下那么多肉。

所以，肉价会死死地稳定在目前的水平，因为产能太大。

自美国大放水以来，全球都在通货膨胀，唯独中国的物价水平，因为猪肉价格的暴跌，反而被稳定住了。

肉价什么时候会大涨呢？如果没有大规模的猪瘟来袭，强制淘汰一大批养猪户，那么肉价几乎会一直维持这个水平，或者说随饲料价格的波动而波动。不管过几年，都会这样。一旦有猪瘟来袭，大量的养猪户被迫杀猪，导致猪肉价格短期内远远跌破成本线，养猪大亏损的时候，才会预示着肉价大涨。

下一轮猪瘟什么时候来？

如果没有猪瘟，那么无论什么时候，都是廉价肉的时代，猪肉价格不会大起大落。

剖析"猪周期"，看懂股票投资策略

最近两年，猪肉的价格涨了足足两三倍，猪肉企业的股价涨了5~6倍。在平时，养一头猪平均可以赚500~600元。在肉价暴涨后，养一头猪的利润飙升到了2600元以上，和正常年份相比涨了10倍。此时养一头猪的收益，是平时养10头猪才能达到的，可以说非常吸引人。哪怕非洲猪瘟对生猪存活率有一定影响，猪肉的股价最后还是攀升了5倍。而且股价涨这么多之后，市盈率还是很低，基本面十分可观。

那么，我们可以买猪肉股吗？

我建议还是要谨慎。大家可以回顾一下这两年猪肉价格飞升的原因。2018年8月，中国暴发首例非洲猪瘟，然后疫情暴发。2018年12月，瘟疫快速蔓延，大量养猪户开始杀猪，猪肉价格迅速下跌。2019年3月，猪肉价格出现历史最低点，养猪户把能杀的猪全杀了，恐慌性杀猪潮告一段落后，猪肉价格开始迅速反弹。2019年9月前后，非洲猪瘟疫情得到初步遏制，政府开始加大力度扶持养猪产能，对养猪户给予政策倾斜。

我对猪肉价格的周期有一点心得体会，所以对同样受"猪周期"影响的养猪企业的股价也有一些认识。中国的猪肉价格，是有"猪周期"的，且一直按这个规律波动，大小年现象极其明显。行情好的时候，平均一头猪能赚500～600元，行情差的时候卖一头猪能亏100元。像非洲猪瘟过后带来的这种卖一头猪净赚2600元的极端行情是很罕见的，但对猪肉行业来说，就算是平时的利润波动，其实也很恐怖（图8-1）。

单位：月

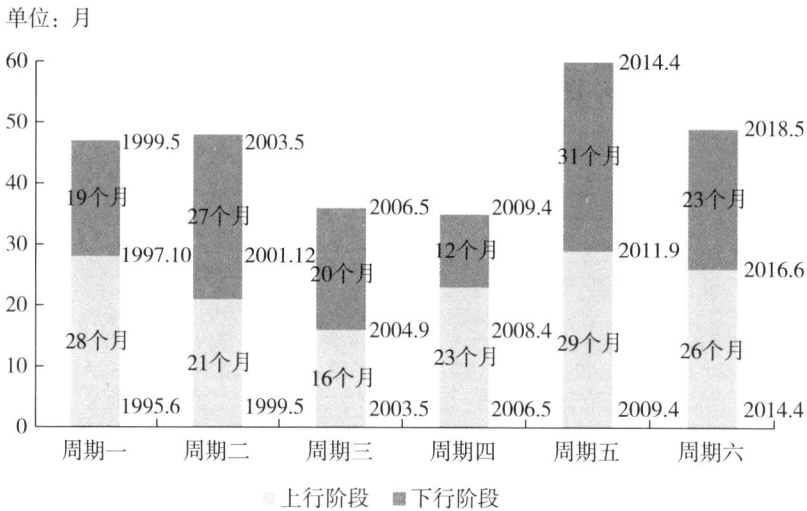

图8-1　1995年至今我国六个"猪周期"概况

上市公司的股价，是依据公布的业绩来决定的。某些公司的股价可以提前反映出来，那也只不过是因为有些人可以预测业绩而已。一家公司在2021年年初公布的业绩，一定是其2020年的利润。一家企业市值1000亿，在2020年赚了100亿的利润，肯定是一家好企业，绝对值 1000 亿。2021 年年初，你若看到一家市值 1000 亿，一年可以赚 100 亿的企业股票，会犹豫它值不值得买吗？如果这家企业每年都赚这么多，那当然值得买。但如果不能，就不值得入手。

依据周期投资，必须具有"银行思维"

买"猪周期"的股票，一定要有反"银行思维"。

什么叫"银行思维"？银行思维就是可以锦上添花，但绝不能雪中送炭，这是银行为了控制风险必须遵循的模式。一些大型的企业，红火的时候不需要贷款，却可以非常轻易地从银行拿到贷款。但当其经营陷入困难，需要贷款的时候，却根本不可能从银行拿到贷款。为了对抗银行的这种思维，很多大企业都开始采用"晴天借伞"的贷款模式。业绩好的时候，先借一堆钱放着，以防亏损的时候无法贷款。比如很多房地产企业，一方面背着千亿的贷款，另一方面在银行里还长期放着千亿的存款，其实就是这个道理。

买"猪周期"股票也是这个道理，业绩好的时候坚决不能买。"猪周期"是 2～3 年一轮，偶尔会延长一年，民间俗称"一年赚、一年平、一年亏"。肉价暴涨之后的第二年，我们会看到猪肉企业有一个好的业绩，其股票价格就会暴跌。按"猪周期"去估算的话，我们要在整个养猪行业都喊着亏钱，养猪户为了止损开始忍痛杀母猪的时候开始下手买入，不用等到猪肉价格真的回暖。养猪的龙头企业的盈利能力和稳定性远超普通养猪户，普通养猪户亏钱，龙头养猪企业却不一定亏钱；且如果将来普通养猪户能赚钱，开始停止杀猪行为，那龙头养猪企业此时一定是大赚特赚的。

养一头猪的周期接近半年，今天养的猪明天是无法出栏的，大约半年后才能出栏。养一头猪能获得过去养 3 头猪的利润，这种好日子可不会常有，养猪户当然会大量增加产能，因此所有的养猪企业的股价都会下跌，甚至在肉价下跌前的三四个月就开始跌了。

如果你是实体养猪户，完全可以依靠观察养猪企业的股价来倒推仔猪价格崩盘的时间点。

通过股价波动来预测仔猪销售很简单，但普通人想预测股价波动是很难的，因为那需要普通人学会预判那些养猪专家的预判。精准预测哪一天股票的价格突然大跌是不可能的，但粗略估计是有可能的。

如何判断猪肉类股票的最佳入场点

我们可以推测，2022 年大概会是养猪户们互相煎熬的一年，亏到扛不住的人会主动退出产能，这会把养一头猪的利润从负值给拉升到 200 元左右。这个利润足以维持养猪场了，剩下的人会坚决不退出产能。此时，养猪是一门生意，但绝不是一个暴利的行业。正常情况下，产能永远无法缩减，因为永远不会有人主动关停自己的养猪场，除非碰到了不正常的情况，比如猪瘟降临。

每一轮"猪周期"几乎都是由猪瘟驱动的。猪瘟一定会强制一部分养猪户退出猪肉产能，然后开启下一轮"猪周期"。瘟疫越厉害，开启的"猪周期"规模越大。所以，在 2022 年众多养殖户在微利边缘苦苦挣扎的时候，如果不幸出现猪瘟重现的消息，我们应当立刻买入养猪企业股票，根本不需要等猪肉涨价再买。而且在猪瘟刚开始的几个月，猪肉价格跌得越狠，股票的仓位就应该配置得越重。

如果猪肉价格跌得不狠，那说明猪瘟被控制住了，被迫杀猪的养殖户很少，这样开启的"猪周期"的规模就不会大。如果猪肉价格下跌得厉害，那就说明猪瘟可能已经大规模传播了。很多养殖户被迫杀猪，直接把猪肉价格给打到了谷底。

养殖户不是看不到猪肉价格暴涨的未来，但是自己手里的资金根本撑不到那个时候。每天一睁眼就亏好几千的恐怖代价，不是每个养殖户都熬得住的。对抗疫情能力最强的一定是大企业，且越大的企业对抗瘟疫的能力越强，在疫情导致猪肉价格上涨的情况下，获得利润也最大。因此，2022 年是一个择机买入"猪周期"股票的好时机。

人类的历史是呈螺旋式前进的，一个周期的结束往往是下一个周期的开始。一个人的一生中所能够获得的机会，理论上来讲只有三次。如果每一个机会都没抓到，你一生的财富就没有了。

本节只是借用"猪周期"来举例子。"猪周期"是市场周期律的冰山一角，却深刻反映了周期的力量。通过回顾历史我们不难发现，那些坐拥财富的人无一不是在有意或无意之间，利用了周期的力量。因此，把握住周期这一通向财富的密匙，你就可以在资本市场中无往而不胜。

第 9 章

从房与车，看懂中国经济的走势

中国造车故事

中国的第一辆国产汽车，不是东风，也不是红旗，而是民生汽车。

1928 年，张学良响应南京的号召，下令奉天迫击炮工厂增开一个民用品制造处，命名为民生工厂，专门研制汽车。1929 年，张学良将 74 万元巨款拨付给民生工厂，用作汽车的研发费用，大概相当于今天的上千万元。民生工厂集合了 30 名技术员、177 名工人的力量，拆解美国 Republic 载货汽车，进行仿制研究。

1931 年 6 月，第一辆民生牌汽车研制成功，载重达 2.5 吨，全车 666 种零部件，其中 464 种为国产零件。在当年 9 月 12 日，民生牌汽车被送到上海，参与国际车展，被全国人民争相传颂。民生工厂摩拳擦掌，订购了大批材料和零件，准备批量生产民生汽车，让其成为国产汽车的领头羊。

仅仅6天之后，悲剧就发生了。1931年9月18日，"九一八"事变发生了，民生工厂和尚未出厂的所有民生牌汽车，被日寇据为己有。中国的汽车国有化之路，还没开始，就已经夭折。

1949年，中华人民共和国成立。获得新生的中国，一穷二白，满目疮痍，要做的事情很多，一时半会儿没工夫，也没能力去发展汽车工业。

1956年，苏联援建的"一汽"竣工投产，生产出了中国第一款汽车——解放牌卡车。

1956年4月，毛主席在中央政治局会议上提出："什么时候能坐上我们自己生产的小轿车来开会就好了！"

1957年4月，第一机械工业部部长黄敬到一汽调研，正式向一汽提出了制造国产小轿车的要求。在一年的任务期内，一汽把制造国产小轿车当成最高任务，合全厂之力，夜以继日地攻克技术难题。1958年5月12日凌晨5时30分，中国第一辆国产轿车——东风轿车研制完成。

随后，一汽接到了新的任务：研发国产高级轿车，为国庆十周年献礼。这一款高级轿车，被命名为红旗轿车。经过一年的奋战，在1959年9月，一汽制造出了36部红旗车，送到北京，顺利完成了十周年献礼的任务。第一代红旗轿车共使用4657种零部件，其中我国自制的就有3488种。

后来，领导们参观了红旗车，非常振奋。为何短短时间内，一汽就能研发出国产汽车，一汽的技术实力真的这么强悍吗？既然一汽的技术实力这么强悍，那为什么在后来的几十年里，国产汽车都被进口汽车赶超了呢？

国产汽车的发展

我国第一代红旗车，其每一个零部件，都是一汽的工人一锤子一锤子敲出来的，几乎称得上是纯手工制作。不是不想流水线化机器生产，但当时的中国没那个设备，也没那个技术。最关键的零部件 V8 发动机的制作，是红旗轿车生产最困难的一个环节。

1958 年，一汽集中了全厂最优秀的老工人来浇铸缸体，最终铸造的 100 台缸体里，有 97 台是废品。一汽用这硕果仅存的 3 台毛坯进行再度加工，最终做出了 V8 发动机。这种"硬干"的办法，是没办法中的办法，不惜成本，只求结果，是军工领域的一贯作风。

用这种办法生产汽车，研发速度当然很快，但是当汽车批量化生产的时候，就出现了问题——不良率太高，成本始终居高不下。红旗轿车从 1959 年投产，到 1981 年停产，其间共生产了 39 种车型、1542辆车，平均年产 70 辆。从成本来看，每辆红旗车最低成本 6 万元，最高 22 万元，平均 8 万元。而红旗轿车卖出去时只有一个价，4 万多元，政策性亏损累计高达 6000 万元。

大家可能不知道 8 万元在当年是一个什么概念，1960—1980 年时期的 1 元钱，大概相当于今天的 450 元钱。换算过来，红旗轿车的生产成本，高达 3600 万元 / 辆。中国刚改革开放时，进口汽车特别贵，哪怕加征 100% 的关税都有大把人愿意买。知道为什么吗？因为当时的国产汽车哪怕有关税保护，成本都比国外汽车的售价高。

当时的红旗轿车不仅贵，性能还不稳定。在接待外宾时，甚至发生过打不着火的情况，非常尴尬。随着改革开放，外国汽车涌进中国，在外国汽车繁多的品类、过硬的质量和低廉的价格面前，红旗轿车的弊端和劣势越发凸显。汽车工业，也绝不仅仅是为领导人生产出座驾就算完成任务。

改革开放后的造车事业

世界上每一个大国，都走过一条利用汽车工业带动国民经济的路子。现代的汽车制造极其复杂，由 2 万多个零部件构成，涉及钢铁、橡胶、塑料、玻璃、电子等多个产业。要生产出一辆合格的汽车，需要多个产业携手合作，要求极高的质量控制和极高的良品率。

如果每个零件的合格率都是 99.9%，把 2 万多个零件集成在一起工作，合格率却接近于零。所以，汽车工业对精度的要求特别大，对机械加工业的质量要求特别高，人类很多高精尖的机床、自动化生产线，都是应轿车的生产需求而诞生的。所以，汽车工业是一个国家综合实力的反映，也是促进一个国家工业进步的动力来源之一。

当年红旗车始终无法提高自己的良品率，做不到量产，也无法压低成本，这和中国的工业大环境有关。想明白这个道理之后，国家就放开了汽车市场，鼓励外国汽车企业在中国设厂，打算以市场换技术，用外国品牌的中国工厂，促进整个中国汽车配套产业链的发展，再用这些成熟的汽车产业链，反向孵化中国的本土汽车品牌。

所以，1983 年德国大众公司和上海汽车合作，创立上海大众品牌，生产出中国第一辆合资汽车——桑塔纳。

这是中国在"不敲不打"的情况下，生产出的第一辆汽车，而上海大众，受到了全国的鼎力支持。在20世纪80年代，如果你能开一辆桑塔纳，说明你的经济实力已经非常了不得了。中国的汽车工业，从此走上了快车道，如今的年产量高达6000万。受到汽车工业的反哺，中国的工业能力，也今非昔比。

房价曾经低过吗

在中国决心发展汽车工业，拉动整个国家的工业体系之时，房地产行业也纳入了改革开放的规划之中。如果说汽车工业是拉动中国工业化的火车头，那么房地产行业就是拉动中国城市化的火车头。汽车和房地产，在很多国家都是国民经济的两大核心支柱。

1978年，国家对全国的房产数量做了一个盘点，发现城镇人均住房面积仅8.1平方米，这个数据比1950年还要低20%。换句话说，新中国成立近30年城市人均住宅数量依然不够。当时的中国人，不是住不起房子，而是压根儿没那么多房子，三代同堂甚至三代同屋的现象比比皆是。若是没有人均住房2平方米的家庭，如何会把我国城镇人均住房面积拉低到8.1平方米？一间十几平方米的小房子，上下塞了三代人，这样的情况你见过吗？

在当时，住房的数量与轿车一样低。有关部门决定动用一些手段，加快发展中国的房地产行业，决不能让中国人没有房子住。随后，中国的房地产建设走上了快车道，从1978年到2018年，中国的城镇房地产存量从不到 14 亿平方米，变成了 276 亿平方米，暴增约 20 倍。而城镇人均住宅数量，也变成了 23 平方米。

人均拥有量翻了 3 倍，大众对房地产行业满意了吗？没有，现在他们嫌贵。

当年，国家对房地产行业的期望目标是短时间内将整个中国的房屋面积存量翻个几倍。只有这样，才能满足不断扩大的城镇化目标下，让国民都有房子住。这个任务非常艰巨，要知道当时中国城市的所有存量房，是中国人民花几十年甚至上百年累计下来的财产，要在短时间内让其数倍地增长太难了。

如果不难，计划经济时代国家就造房子了，也不至于拖到改革开放。刺激房地产生产的最佳手段，就是将其商业化。很多人说，今天的房产价格好贵啊。这句话并不对，中国的房子其实一直都很贵。

1980 年，深圳的房价是 2730 元 / 平方米，这个价格低吗？绝对不低，那个时候的青菜一斤才一分钱。当然，这个价格是卖给香港的，当时香港人的经济实力还是很不错的。

再看看 1989 年的北京房价，当时一个大学生毕业参加工作，月薪大概是 80 多元，而北京的房价是每平方米 2000 元，一个 30 平方米的两居室要 6 万块。按每月存 50 元算，一个大学生不吃不喝一年攒 600 元，买一个 30 平方米的小房子，要 100 年。

今天的房价再贵，买一个 30 平方米的房子，也不需要你攒 100 年。所以，中国的房子一直都很贵，房子本身就不是我们能很轻松买到手的资产。20 世纪 80 年代的中国人买不起车，也买不起房，因为社会上真的没有那么多资源供分配，注定会有大多数人买不到。要想让这些东西走进千家万户，必须大幅度扩大产能。

什么是"深圳模式"

1979 年，深圳市房地产管理局接到任务，要在一年之内建好占地 2 万平方米的 300 多套宿舍。建房没问题，给钱就行，深圳市房地产管理局找上面要 200 万的预算。但是这个时候深圳财政并没有那么富裕，一年只有 3000 万的预算，所以最多只能给出 50 万。

深圳市房地产管理局相关负责人蒙了，只给 50 万，怎么修 2 万平方米的房子呢？

《列宁选集》里有这么一句话：消灭土地私有制并不要求消灭地租，而是要求把地租转交给社会，虽然是用改变过的形式。

根据这个理论，深圳市房地产管理局相关负责人联系港商，提出了一个叫"补偿贸易"的方案。深圳出一块地，港商出钱，双方合作开发土地建小区，利润深圳拿 85%。1980 年 1 月 1 日，双方签订合作协议，筹建中国第一个商品房小区——东湖丽苑小区。到了春节，港商就把设计图纸搞出来了，拟定均价 2730 元 / 平方米，是当时香港房价的一半。还没有动工，港商就拿着这个图纸在香港卖房，当天就有 5000 多人排队购房，当日售罄。短短两个月不到，港商什么都没干，让设计院画了个图，就凭空赚了一大笔钱，拿走了 15% 的利润，当然深圳方面也拿了 85%，赚了 500 多万。

有了这 500 万，市里给的 2 万平方米宿舍楼的任务，当然就轻轻松松完成了。1981 年，东湖丽苑小区竣工，整个中国的舆论界被震动。当时，深圳一年的总收入才区区 3000 万，青菜才一分钱一斤，而这块地，带来了足足 500 万的净利润。这巨大的商机，能让中国的现代化建设，凭空提速几十年，面对如此利润，深圳市，乃至整个中国，都无法视而不见。

紧接着，翠竹苑、湖滨新村、翠华花园、友谊大厦等相继破土奠基。

第二年，深圳市打算在罗湖地区开放2平方公里的土地，进行"七通一平"的基础建设，预计要投资1.5亿元，但是预估开发总效益会达到19个亿。开发罗湖区肯定是非常有经济价值的策略，但是这1.5亿的本金，深圳市拿不出来。怎么办呢？还是要靠房地产。

靠着发展房地产，深圳市的经济得到了一骑绝尘的增长，GDP增速碾轧中国所有省份，让改革开放总设计师邓小平都忍不住看看深圳的经济增速为什么这么快。邓小平南方视察之后，"深圳模式"成了全国标杆，土地拍卖模式也得到了认可，全国都开始轰轰烈烈地发展房地产。

房产"泡沫"真的存在吗

到了今天，在暴涨的汽车产能面前，桑塔纳的价格早就被打入尘埃，如今许多城市白领都买得起，但是房价还是很贵。这是为什么呢？是我们故意不造房子吗？显然并不是，这40年来，中国的住宅总量年年增长，房地产商可以说是鼓足了劲儿地造房子，没有一个地产商会和钱过不去。

这几十年来，每一年都会有人面对成片的楼盘陷入深深的思索：

建这么多房子，还这么贵，卖给谁啊？但是令人惊讶的是，这些房子很快就住满了人。二环满了，三环满了，四环满了，如今连五环都要满了。这些人到底是哪儿来的？那就要看支撑房价的城镇化率了。在1978年，中国的城镇化率为17.92%。到了2018年，城镇化率为59.58%。40年里，中国的城镇化率增长了约42%，差不多每年都有1%的增长速率。而中国的城镇人口，也差不多翻了3倍。

很多人说，今天的中国房价，靠租金回报，要70年才能收回本金，年化回报率才1.5%，充满了泡沫，再不压制房价，房地产行业马上就要凉了。但是你知道吗？"住房泡沫"存在几十年了，始终没破，还在繁荣发展着。

2015年，房价开始了一波暴涨，全国房价普遍涨了一倍左右。而在2012年前后，中国的租金回报率是3%左右，靠租金填补房价，大概需要35年回本。这个泡沫是不是比现在小一倍呢？你错了，2014年的泡沫和现在的泡沫一样大。

房价上涨的终极秘密

今天的房价有没有泡沫？应该有。房贷基准利率是4.9%，租金回报率是1.5%，房价如果不涨，每年倒亏3.4%，我们通常将这种情况称为"泡沫"。在2012年的时候，租金回报率高达3%，泡沫很明显就小多了嘛。但账不是这么算的，2012年的贷款基准利率高达6.8%，那个时候买的房子如果今天不涨价，每年就会倒亏3.8%，泡沫比今天更大。

为什么房价翻了一倍，泡沫反而更小了？这就是贷款利率的威力了。我在前文已经说过，房价本质上是一个货币游戏，降低贷款利率，就能明显地提振房价，贷款利率的微弱调整，都能带来房价的巨震。过去的两年里，美国多次给房贷加息，而中国始终不跟，现在你应该知道为什么了吧。

中国不能贸然加息，除非房租收益率上升，房贷才能获得加息空间。

下一个问题，为什么在 2019 年的时候，买房出租每年会倒亏3.4%，而在 2012 年买房出租，每年会倒亏 3.8%，越往前数，亏得越多。

为什么那么多人顶着 3% 以上的年亏损买入房产，他们都疯了吗？就这么笃定房价一定会涨？

货币手段只是短期手段，支撑房价上涨的终极秘密，在于那每年1% 的新增城镇化率。每年都有大量人口涌入城镇，每年新建的房子，都有人要住，所以年年有人说房子太多了，年年房子不够用。

2018 年，中国的城镇套户比接近 1.1，也就是平均每户拥有 1.1 套房子，美国的数据是 1.15，日本的数据是 1.16，德国的数据为 1.02，英国的数据是 1.03，这表示中国当今的住房供给，总体是平衡的。如果中国不再继续城镇化，也不追求更大的人均住宅面积，目前的住房，勉强是够用的。

但只要城镇化率还没有停止，每年新增的住宅，就一定有人需要，这几乎是个固定刚需，中国每年都要建设一定量的房子，才能保证城镇的人均住宅面积不缩水。如果要让人民居住得更好、更舒适，人均住宅面积更大，那就需要更多的房子了（图 9-1）。

（亿平方米）

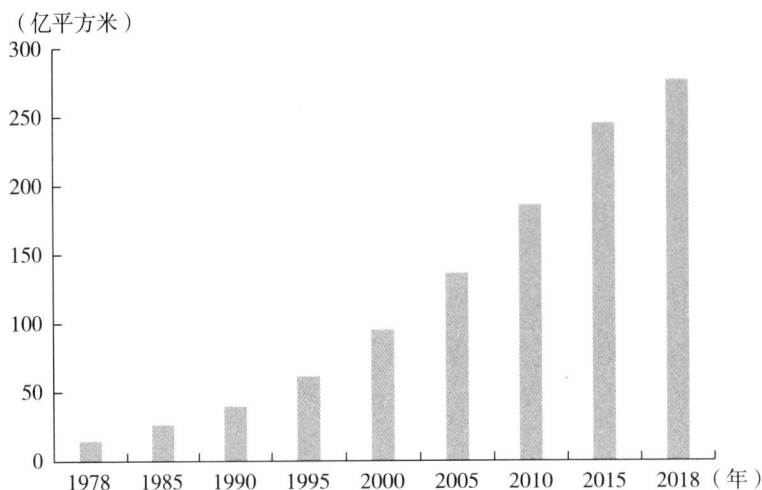

图9-1 1987—2018 年我国城镇住房建筑面积

房价会下跌吗

像美国、澳大利亚这种地广人稀，可以实行农业机械化生产的国家，城镇化率一般为 80% ∽ 90%。而像日本、韩国这种人口密集，无法实现农业机械化生产的国家，城镇化率一般为 70% ∽ 80%。

中国目前的城镇化率是 63.89%，而中国最低要达到 70% 的城镇化率，才会停止城镇化建设。至少从美国的经验来看，在国民经济正常发展的时候，城镇化是稳定而缓慢前进的，一直到涨不动为止。

一旦城镇化建设停止，中国房价的上涨预期就会消失，这一天可能需要 10 年才能看到。而从城镇人均住房使用面积来看，美国是 67 平方米，德国、法国是 38 平方米，日本是 33 平方米，韩国是 28 平方米，而中国仅为 23 平方米。也就是说，中国的人均住宅面积，有 50% 以上的提升空间。

现在的中国住房以小户型为主，一家三口挤在 70 平方米的房子里很常见。如果要达到日本的标准，那住房户型至少要 100 平方米起步；如果要达到美国的标准，那至少要建 200 平方米的房子。此外，国外的数据是套内实用面积，而中国的是建筑面积，这里面还有 20% ∽ 30% 的差值。

所以，要满足中国城镇化的最低需求，我们还要按照以前的速度，再造 10 年房子，如果要满足中国人住得舒心这个要求，那可能要造 20 年，甚至更久。

看懂汽车销量与房价走势的关系

当然，虽然房价总体是上涨的，但是总有大年、小年之分，房价在有的年份里会出现阴跌，在有的年份里则会猛涨一波。而汽车的销量，长期以来和房地产销量正相关，这种情况无法说明原因，但是的确也有一定的道理。毕竟，大部分消费者买了房之后就会考虑更多的消费，比如买车。车和房高度一体化，因此，我们不能说房地产销售和汽车销售之间没关系。我们不妨把过去 20 年的数据拖出来看看，会发现两者的波动出现了高度一致。

在高速增长了几十年后，2018 年，中国的汽车销量为 2808 万辆，比 2017 年减少了 80 万辆，历史上首次出现了负增长，增长速度为 –2.76%。

而 2019 年 2 月，中国汽车市场的增长速度为 –17.35%，出现了惊人的下滑。连国内某大车厂都已经不打算招人了。所以，在 2019 年 8 月 27 日，国务院发布了《关于加快发展流通促进商业消费的意见》，提出要逐步放宽或取消汽车限购，有条件的地方对购置新能源汽车给予积极支持。

但截至今日，没有一个城市打开了汽车限购，最多是适当增加了汽车牌照的发放。因为很多城市没有足够的道路，当前的汽车容量已经使道路非常拥挤了。虽然知道卖车能刺激经济，但是真的没办法卖。那怎么才能修足够多的道路呢？也简单，开发足够多的房地产，拿这些钱给新开发地区做"七通一平，就有新增道路了"。

你看，绕了一圈，房和车又绑定了。没有足够多的新增小区，就不会有足够多的新增道路，也不会有足够多的新增车。当然，这都不重要，重要的是，从这个汽车销售数据中，能侧面看出，未来至少一两年内，购买新房的人估计不多。

所以，我一直认为，这几年先不买房，先等一等。我不认为房价这几年会涨，但是横盘几年之后，它可能会再次出现起伏。

回过头来看，中国每一年的经济都在高速增长。当国家这艘大船的经济在增长时，船上的每一个普通人的财富也都会增长。

第 10 章

从历史债务演化推断
未来的房价走势

债务的成因

什么叫债务？债务就是借钱，要么借钱去消费，要么借钱去投资。既然是借钱，那就存在必须还钱的问题，至少你要还得起利息。这是一个常识，但某些时候也会引发一系列的问题。中国的债务问题，在2008年之前，没什么特殊之处，但当"四万亿"出台之后，我国债务占 GDP 的比重就开始增加了。

在 2009—2014 年，举债的主力军是铁路基建，以地方债为主导，各地的高铁、高速、高架和地铁都开始如火如荼地建设起来。

以高铁为例，在 2017 年，中国的高铁里程已经发展到了如图 10-1 的程度。

为什么要搞这么多基建？当然是为了提高人民的生活水平，但我们从经济学的角度来看，也能理解其正面作用。

因为海量的货币要投入社会，但不能直接给每个人的银行账户打钱，所以借由各地主导修建的基础建设，把钱散发出去，然后层层流转到社会各阶层、各行业，无疑是一个非常不错的决策。

从 2007 年 12 月到 2018 年 3 月，中国的货币供应量可谓爆发式增长，这么多的货币在前几年，大部分都是以基建的形式散发下去的。

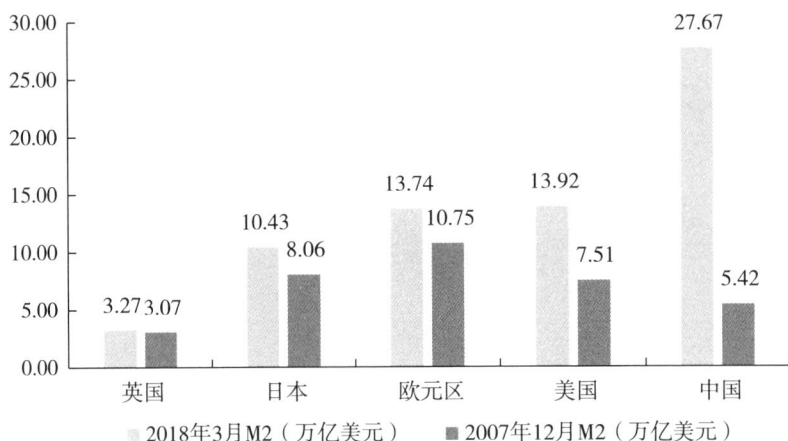

图 10-1　五大经济体货币供应量 M2 对比：2007 年 12 月 VS2018 年 3 月

但是慢慢的就有一个问题出来了，这些钱虽然是国家自己印出来的，但是在资产负债表上，还是属于地方欠央行的债务。既然是债务，那就是要还的，本金可以先放着，至少每年的利息要还上吧。

铁路基建这一类的投入，回收周期都是很长的，本身也是为了人民谋福利，是为了提高国家的基础设施水平，年化回报率非常低，个别项目甚至无收益。四五年的积累下来，由于欠债本金规模的急速膨胀，利息也不是一个小数。到了2014年，继续由举债刺激经济发展的模式已经难以为继了。

所以到了2014年之后，必须有另外的人站出来，承接大量新增的货币，以使得货币体系正常运转。本来我们最初的选择是让股市融资上杠杆，但是股市意外崩盘之后，最终选择了楼市。2014年之后，个人住房贷款出现了爆发式增长，3年直接翻了一倍。

"去杠杆"的可能性有多大

截至2017年，中国房贷的累计额度差不多是制造业贷款的3倍，在各行业的对比中已经是一骑绝尘的姿态了。

对于购房者而言，杠杆是把"双刃剑"，并不一定是坏事。上杠杆究竟是好事还是坏事，取决于收益率。如果你借款投资了一个项目，只要收益率大于贷款利率，那么这次上杠杆就是对的，实际上你是给社会创造价值的；反之，如果你的收益率小于贷款利率，那么你这次的杠杆加得就是不合适的。

只要你的收益率能超过贷款利率，无论你借多少都没事。然而，中国目前的房租回报率非常低，低到了1.5%左右，在全球的排行都是靠后的。

很显然，贷款买房的人没有几个是指望租金回报的，都希望房产增值。按住房贷款的年化利率为5%计算，租金与贷款中间就存在3.5%的差值，所以住房价格每年必须上涨3.5%，如果低于这个数，那么就会出问题。但是房价如果远高于这个涨幅，就会刺激大量的投机资金涌入，造成房价异常暴涨，房地产行业最终反而会一地鸡毛。

所以国家希望房价稳定，实现最大程度的资金沉淀。

在这种前提下，我国提出了"房住不炒"的大方针，限制房价。因为自2014年开始，房价直接涨了100%，已经刺激了大量的投机资金涌入，就算房价再被冻结价格，维持10年不涨，2014年以前购房的人都不会亏，只有近几年买房的人的资金链会出问题。所以，在2018年7月，有关部门提出坚决遏制房价上涨，坚决开始给房地产领域去杠杆。

资本市场的去杠杆很难，房地产的去杠杆也不简单，在个人住房贷款和房地产企业贷款都骤然收紧的同时，房地产企业的应还贷款金额却达到了高峰。2018年房地产企业到期债务额度达3300亿，2019年到期债务达到4700亿，两年加一块儿达到8000亿，处于还贷高峰期，而与此同时，在严格的调控政策下，住房交易量大减，楼盘回款困难。所以2019年的开发商会比2018年更难过，个别熬不过去的小房地产企业要么降价求存，要么被市场淘汰。

债务如何影响房价的走势

我国的相关债务上浮空间有限，而居民部门的贷款大家也看到了，也加到了很高的地步，上浮空间同样有限。在居民部门贷款迅速增加的同时，该部门的存款却在迅速下降。根据2017年的数据，以存款人为单位，将存款人在各大银行账户的所有存款累加在一起，超过 50 万元的，全国比例不超过 0.4%，税后工资连续 12 个月超过 1 万元的比例不超过 0.2%。

很多人总觉得自己很有钱，家里的房子卖出去分分钟几百万、上千万到账，但是实际上银行卡里连十万都没有，这样的人可不在少数，不信你统计下自家的账面财富和现金财富作个对比试试看。在这种情况下，居民部门的杠杆很难再上浮了，实在是涨不动了。从 2014 年到 2017 年，居民部门的住房贷款总额直接翻了一倍，才支撑起这轮轰轰烈烈的房价大暴涨。请问居民部门的住房贷款总额还能再翻一倍吗？达到制造业贷款额度的 6 倍？

这有可能吗？就算银行敢放，以目前居民部门的收入来看，还得起月供吗？居民部门的负荷几乎已经达到了极限。所以，在没有新一轮的收入增长之前，居民部门的住房贷款总额已经没有能力再爆发式地上升了，而如果没有大量新增贷款涌入市场，房价也很难涨得动，毕竟房价本质上是一个货币游戏。

房价很难涨，却处处有雷，未来几年的调控大概率会以不断地放松来稳定房价。毕竟这么多天文数字的房贷堆在那儿呢，只要房价不大跌，这些贷款就不会出事；一旦房价暴跌导致不良贷款的产生，责任没几个人担得起。

中国未来几年的房价可以总结为：涨不动，不能跌。这就是从中国历史债务的演化推断出的未来的房价走势，这世界没有人会为你自己的资产负责，只有自己能救自己，所以千万别走错路了。

第 *11* 章

谨慎入场：投资房产切勿盲目

花钱是一门学问

2020 年年初的疫情之后，有一段时间，"百万喝茶费""500 万以下的房子基本卖没了"等新闻频频刷屏。疫情很明显地重创了经济，为什么买家反而要拉房价？他们的理由很简单：经济越被动，房价越要涨。不涨房价，怎么拉动房地产？不拉动房地产，怎么刺激经济？这就是他们的逻辑。

这个逻辑，在过去 20 年或许都是对的，但现在却是错的。

遇到经济不景气的情况，欧美国家通常会给国民发钱来刺激经济，一度让我们十分羡慕。但这种做法，长期以来也是被我们所批评的。美国特别喜欢给国民发美元，我们的主流声音也是嘲讽居多。并不是我们不舍得花钱，而是因为这样做对经济拉动的效果并不明显，效率太低。

花钱，也是一门学问。

我举个例子，修高铁回报很低，全国平均下来年化收益可能才2%～3%，中国铁路总公司报出来的账本，收益基本刚够还利息的。但从国家的角度去看，只要我们能把利息给赚回来，那就等于资产没有损失。花1000亿修高铁，等于获得了1000亿的资产，扣掉折旧等成本后，收益也许只够还利息，但拉动的GDP和相关的就业，却是一个天文数字，金钱也流动了起来。而这些实实在在的资产，也是可以当抵押物的，这就可以拉动更多的经济。

现在基建的任务基本已经被拉满了，而中小微型企业还在嗷嗷待哺。于是国家就采用了次一等的办法——直接给中小微型企业贷款，低息甚至免息。这种做法，贷出去1000亿，就要亏2%～3%的利息成本，还有一定的坏账率。总的来说，可能要亏个50亿。这种做法的成本明显比修基建高，而且我们无法控制中小微型企业对于这笔钱的用途，带动经济和就业的效果也很明显比修基建差。但事急从权，如果中小微型企业真的拿这笔钱去给员工发工资了，那也达到国家的目的了。

但很可惜，有的微小型企业竟然拿着这笔钱去炒房了。这是我们都不愿意看到的。

为什么有的企业居然炒房

　　银行降低利息贷款给中小微型企业，为何企业将贷款拿去炒房？
理由很简单，这笔钱的利息就算再低，那也是要还的，本金更是一分
钱不能少的。

　　有的人可能会注册个公司，再把公司包装一下，业务流水全都交
给银行进行审批，就能贷款成功。但是，事情真的有那么简单吗？只
凭一张营业执照，你就想红口白牙地从银行贷走几十万或者几百万？
别做梦了！如果你不还钱，签字的放贷员是要负责任的。

　　银行不会只看你的流水，也没兴趣听你吹业务，更不相信你所谓
的个人还款承诺。想贷款可以，拿抵押物来，这才是能够保障银行利
益的东西。如果你不还款，银行可以拍卖抵押物，好歹弥补一点损失。

　　有的微小型企业没有抵押物，办公室也是租的，有些公司恨不能
连电脑和桌椅都租，哪儿来的抵押物呢？公司没抵押物不要紧，公司
的老板有房子啊，可以拿房子来抵押，这样银行的业务员就放心了。
银行是放心了，但老板不放心啊。开个公司，不仅要贷款给员工发工
资，还要把个人的房产都押上去，万一公司运作得不好，不仅公司破
产，一家老小都要流离失所。

　　于是有的老板想到一个方法：以公司的名义，用个人的房产做抵
押，把钱贷出来，贷出来的钱可能并不是用于公司经营，而是用于买
房。银行给批的企业贷的利息比房贷低多了。

　　一些人有多少钱，就买多少房，根本不管租售比，也不管什么价
值中枢。当人类丧失理智，狂热到一定程度时，甚至愿意花1万金币
去买一朵郁金香，何况房子？现在房价上不去，是因为大家手里没钱

了，上层管控了贷款的流向。一旦贷款被开了一个口子，房价就会涨。而且买了房，微小型企业就有更多的房产可以抵押了，可以拿到更多的贷款。如此生生不息，源源不断。

上面讲的是贴息贷款的情况，利息低到极致。从某种意义上来讲，有些人甚至认为这种贴息贷款的出现，是国家要扶持房地产行业的一个标志。再加上经济越差的时候，国家一般都会提升房价以刺激经济的历史规律，他们立刻就兴奋了。

这些人相信房价上涨的奇迹，是因为他们曾经真实地见证过。在他们的狂热操作下，企业贷曾经确实有些失控，但这是一个小失误而已，并不代表全国各地要放松对房价的管控。道理很简单，在疫情之后，国家发了大量的消费券刺激经济，怎么可能提升房价？

房地产的核心目的是什么

国家为什么要扶持房地产行业，是为了让炒房客发财吗？当然不是。是为了让大家都享受"睡后收入"，日后可以靠收租当食利阶层吗？当然也不是。国家扶持房地产行业的最大原因，是中国人太爱储蓄了，把太多的钱放在银行里沉睡。这些钱拿出来建设国家，所有人的收入都会上涨，经济也会良好地运行。但很多人不乐意啊，有的人甚至认为："我辛辛苦苦赚的钱，为什么要投入到基建中呢？修高铁对我有什么好处呢？"

和大众讲经济学原理，大众很难理解和接受，不如换一种方式：

你来买房子，房子可以让你的财富保值增值，而我拿赚的钱来修基建。所以不管买房子的人是赚是亏，不管是不是"纸面富贵"，房地产行业的本质，就是让居民将手里的钱投入进去。房地产存在的根本原因之一，就是居民手里的钱太多了，闲置太可惜。

当然，虽然短期内大家确实将钱拿出来了，但这些钱会通过修基建拉动的经济和就业，最终回流到居民手里。以前经济危机出现时，房地产行业总是最先被启用的，因为百姓手里还有很多钱，合大家之力才能保经济、保发展。反正你的这些钱都放在银行，短期投入到房地产中并不影响经济，过几年钱都会回流的。

你有多少钱，能拿出多少钱买房，银行对数据进行调查就能一清二楚。但这一次的情况，和以前完全不一样。

当前的房价是什么样的水平

2008 年至 2012 年房地产的价格暴涨，国家去了一次杠杆，居民部门加了一次杠杆。居民部门的潜力已经逼近了极限，再多就真的是"击鼓传花"的游戏了。

比如疫情之后，深圳的房地产价格在银行放款出来就立刻涨了，银行不放款就马上熄火，这种现象背后的原因，是居民部门已经拿不出钱了。而且这一次，中小微型企业也不愿意贷款买房了，最大的原因是商品卖不出去了。

商品卖不出去，企业就没有利润。既然没有利润，那企业何必贷款呢？商品卖不动，极少有企业家愿意拿贷款去发工资。这个时候，激活消费的重要性，远远大于给企业发贷款。而消费萎靡的最大原因，是疫情导致居民手里缺钱了。

本来杠杆就加到了极致，疫情时期又突然失去了几个月的收入。但房贷不变，很多家庭的资金链已经十分紧张了，哪里还有钱消费？国家清晰地看到了这一点，所以各大城市，都在2020年疫情之后大量发放消费券，以便激活消费。

国家在拼命给居民部门输血，宁可自己负债。上杠杆、降税、发消费券，只求激活居民部门的消费，真正保住就业和经济。在这种情况下，怎么可能会拉房价？怎么可能去靠卖地来补充税收，然后把钱拿去发展基建？

在欧美国家恢复消费能力之前，我们必须依赖本国内需。单靠内需确实不够，但内需越少，越要尽量去保证经济的良性发展。如果通过修基建让钱转一圈，周期就太长了，我们等不起。现阶段，降税和鼓励消费才是保经济的正确手段。

在此之前，国家完全不可能鼓励大家买房。如果要出现这种情况，那最基础的前提是外贸全面恢复，我们可以把商品卖到海外。但欧美的情况目前还不容乐观，我们看到了，疫情对全球经济的负面影响将会持续很久，消费力一时还无法恢复。

消费不足的情况下，本国商品都可能会出现滞销，如何恢复外贸呢？疫情过后的短期之内，外贸恢复的希望渺茫。只要国家还在减税，还在发消费券，房价就很平稳。

第 *12* 章
精准预测房价趋势，其实并不难

最"聪明"的资金

想不想精准预测房价走势？有一支团队专门负责这个，预测准确率99%，而且可以提前半年以上反映出全国房价的涨幅。最重要的是，该团队会免费公布自己的预测结果。看起来很像广告，但还真不是广告，中国确实有这么一个"团队"。

有一个地方，是专门预测未来的，这里聚集了各路金融精英团队。没错，那就是股市。股价的走势，远远提前于公司的实际业绩。

股市里有一批"聪明"的资金，无论资金的主人是自己猜出来的，还是通过内幕消息知道的。总之，在一家公司的业绩恶化的半年前，它们就知道这家公司不行了，然后提前抛售股票。在某家公司业绩大涨的半年前，它们就知道这家公司的业绩很快就会变得很可观了，然后提前买入股票。几乎每家公司都是如此，股价一定远远提前于业绩报表。对于那些以业绩为中心的蓝筹白马股来说，更是如此。

这群聪明的"资金"嗅觉灵敏。你知道的，它们都知道；你不知道的，它们也知道；你想都想不到的，它们还是知道。它们的本事，你纵然没有见过，应该也听说过。这世界上，就没有它们看错的公司，说它们的胜率是99%都算低估。只要有利润，它们就会蜂拥而至，如果没利润，它们就会立刻出逃。

2020年，它们出手了，于是，一个新名词诞生了，叫"地惨股"。

众所周知，2020年的股市是"蓝筹牛"，蓝筹白马股涨得特别好。在众多小票的哀号里，蓝筹白马股的价格节节攀升。但是有一个蓝筹板块却与众不同，那就是地产板块，身为蓝筹，跌起来速度却不亚于小票（图12-1）。

图12-1 2016年3月至2021年7月碧桂园K线图

为什么蓝筹股都在涨，就"地惨股"不涨？因为虽然蓝筹有投资价值，但它的核心还是业绩。你只有业绩好，才有被炒的价值。即使是蓝筹股，要是亏损或者业绩预期不行，那也只能被当作一个披着蓝筹外衣的小票。在股市，一只股票并不会因为其公司的市值大就一定被认定为是蓝筹股。炒地产股的资金对于房价的波动极为敏感。历次房地产经历大牛市，地产股都会被提前启动。我们可以从地产股的历史中总结出明确的规律。

　　地产股爆发式启动，房价大概率会出现牛市；地产股没有爆发式启动，房价一定不会出现牛市。我们甚至可以通过对某只地产股的走势进行研究，预测几线城市未来的涨幅更强。比如说广泛布局三、四线城市的碧桂园，在 2015 年的涨幅就不大，只是顺着大牛市在稳步上涨。但碧桂园的股价，在 2016 年 8 月忽然出现诡异的逆势拉升，一年翻了 15 倍。这就是典型的预测未来。

　　等碧桂园的股价都涨半年了，很多人才反应过来，开始在 2017 年抢购三、四线城市的房子。房价上涨的时候，是房地产企业获利大，还是炒房客获利大？房地产企业的表面毛利率非常低，很多时候连 10% 都不到，为什么房地产企业在股市上却这么赚钱？因为房地产企业不只靠卖房子赚钱，还靠储备土地盈利。

房地产企业盈利的逻辑

假设房价上涨 1 倍，房产投资者就获利颇丰了，因为个人购房者进行贷款投资时，一般可以达到 3 倍的杠杆，房价涨 1 倍，等于本金涨 3 倍。

那你知道房地产企业的杠杆是几倍吗？房地产企业的杠杆最高可以达到 10 倍。最后，央行不得不压制和缩减对房地产企业的贷款。房地产企业正常销售住房，毛利确实只有 10%，勉强够维持企业运转。但只要房价上涨 10%，房地产企业本身的资产就可以直接翻倍。假如不继续买入新土地，那么这么多钱全都是净利润。

如果房价上涨 100%，那么房地产企业的利润就会高到不可想象的程度。现在你知道为什么碧桂园的股价在 2016 年可以翻 15 倍了吧？因为它的资产真的涨了这么多。

所以房地产企业的赚钱逻辑是，不只靠卖房赚钱，还靠开发的房产和储备的土地进行资产增值。正常年份，只要保证企业正常的业务运行，并且始终保持一定的土地和库存楼盘规模即可，一旦等到房价大涨，就能获得十分可观的盈利。

假设某个楼盘一开始的售价是 1 万元 / 平方米，这时企业本身也许只是保本销售。一段时间之后，还有几千万平方米的楼房正在出售或者尚未开发，房价突然飙升到了 2 万，那么房地产企业当然会赚钱了。因此，虽然国家明令禁止房地产企业囤地，但还是有不少企业冒着风险高价抢土地。

解释完房地产企业的利润来源后，问题来了：为什么地产股在 2020 年成了"地惨股"？很明显，是因为各路资金预测到至少未来半年内，中国的房价不会暴涨，所以投资者没有买入地产股。

不仅如此，他们还在渐渐卖出，导致地产板块的股价连续下跌。"地惨股"的"惨"，已经惨到普通人无法理解的地步，不只是股价下跌，它的估值也在下跌。地产板块甚至出现了大量市盈率3～4的公司。市盈率3～4是什么概念呢？你可以理解为，每年创造出250亿～300亿利润的地产公司，市值居然只有1000亿，只要3年的利润就可以买下这个公司。

即使如此，依然没有资金愿意买地产股，而且这还是在"蓝筹牛"期间，无数人期待"地惨股"价值回归的情况下。全中国最聪明的"资金"都在这里了，它们用手中的真金白银集体预测了趋势。

为什么房产必须限价

有些人说："深圳、上海、杭州的房价确实涨了呀。"说得一点都没错，这些城市的房价确实涨了，而且也确实发生了"抢房"事件。但这些少数城市的房价上涨现象，无法蔓延到其他城市。不知道你有没有发现，这些城市之所以出现"抢房"现象，是因为一、二手房倒挂—— 一手房太便宜，只有二手房涨了。而一手房之所以太便宜，不是因为房地产企业不想卖高价，而是因为政府限价了，不允许房地产企业卖高价。

为什么必须限价呢？

限一手房的价格，是真真正正的限房价，也是切切实实地在执行的。二手房可以涨，但一手房绝对不能涨。因为只有房地产企业才有资格拍卖土地，散户是不能的。我在前文已经阐述了房地产企业盈利的逻辑，按照这个逻辑，房地产企业如果依然疯狂地抬高地价，有钱就买，价格再高都得抢，那么被市场平均的地价必然会被强行推升。比如，2020年的平均地价，就上升了10%。

而不断推升的地价，会直截了当地刺激周边的二手房价格。一旦政府限制了开发商的一手房价格，那情况就不一样了。开发商的杠杆太大了，10倍杠杆就能大幅度地放大利润，也可以大幅度地放大亏损。个别的项目亏钱是可以的，但大面积的亏钱是不可容忍的。如果一手房的房价必须被限定，而且限定政策会被长期坚决执行的话，开发商在拿地的时候就会很谨慎。他们会根据一手房的价格，来倒推一个土地价格，所以就再没有开发商敢盲目地抬价购买土地了。

但很多人说，就算一手房价格不涨，就算地价不涨，但二手房价格涨了，这说明买房是合算的。请你动动脑子再好好想一想，一手房和地价被限定的含义到底是什么？房地产企业只能通过一手房涨价来获利，但如今房子的销售价格被限定，地方政府拍卖土地的利润也被限定了，房地产企业的利润也就被限定，反过来直接限定了土地的售价，这究竟代表了什么含义？

说明国家不希望看到房价无序地上涨，不只是一手房，当然还包括二手房。二手房价格的无序上涨，给我们带来的只有麻烦，没有一丝一毫的好处。

我们国家反复强调"住房不炒"，这绝不是一句口号。

想让房价一直涨挺难的，需要全民共识，但想让房价跌，简直有一万种办法，只不过不能去实施而已。

连房地产企业的利润都有限了，着急下手的人真的聪明到能赚大钱吗？建议大家不要有这种盲目的自信。

房价是可以下行的

有人说，房价永远不可能跌，因为国家的经济在发展。这句话我也认同，但局部城市的下跌却是难免的。比如环京城市，最近两年的房价下跌了 50% 以上，大量投机者亏得一塌糊涂，但这并没有影响到我国的经济。

首付全亏光，房子的价值亏成负数的情况，不是不可能发生。实际上，这样的情况就发生在北京附近。既然环京城市里的房价可以跌成这个样子，全国房价当然也有可能出现长期不涨的情况。

很多人说，地方政府需要拍卖土地带来收入，所以肯定支持房价上涨。这句话对不对我们姑且不谈。你越相信地方政府需要卖地获得收入，那你在地方政府不打开一手房限价的地方买房，就要越谨慎。因为你选择买一手房是没什么问题的，买二手房就真的是在接盘了。如果人人都不愿意在一手房限价的区域买二手房，只愿意买低价一手房，那请问二手房的房价又怎么可能支撑得住呢？股市里无数聪明的"资金"早就看穿了这一点，于是它们集体抛弃了"地惨股"。未来的走势，已经被一群人用真金白银的投票方式预测出来了。

在房地产行业投资了几十年，每年用几十亿的薪酬雇用房地产精英的房地产企业在当下都很难从楼市里赚钱。我们这些一辈子只买几套房的散户，却指望在楼市里纵横捭阖，赶超地产精英，那怎么可能呢？请记清楚你的身份，不要妄图投机取巧，我们只有抓住大趋势，顺着趋势才能让财富保值。

房地产企业的股价突然暴涨，未必代表房价一定会涨。但房地产企业的股价节节下跌，那房价肯定不会涨。当然，如果你觉得自己比"聪明的资金"还要厉害，那请你听从自己的心声，毕竟现实中从来不缺因错误投机而败家的故事。

第 13 章

疫情之后的数年,
房价是跌还是涨

亚洲金融危机 + "非典"疫情

这次的新冠肺炎疫情对全球经济都造成了明显的影响,各类资产的价格都剧烈下跌,甚至引发全球央行集体放水来保经济。那么中国的房价,在这波疫情之后,是会涨还是会跌呢?

这里再提一下租售比。中国大城市的房产,每年的租金收益仅为总房价的 1/70,年利率大约为 1.5%。房产租金其实涨得并不慢,但房价涨得太快了。要知道在 2003 年,中国的房租收益还能达到每年 7% 左右。

所以这些年,我国一直在尝试推广租房业务,采用土地竞拍设上限,然后让开发商自持租赁的办法来冷却房价。但结果大家也看到了,开发商先是不惜一切代价,甚至允诺会 100% 自持来获取土地,随后就开始偷偷搞以租代售——签超长租约，一次性收取款项来变相销售，最后迫使管理层出手整治。

开发商对年利率 1.5% 的租金收益毫无兴趣，快速回笼现金才是他们最在意的。相比于年利率 3.5% ∽ 4% 的理财收益而言，指望租金获取收益无疑是不靠谱的。大家购买房产都希望房价上涨，甚至有人长期闲置房产，而这种投机行为，正是泡沫的一大特征。

内地的房地产制度源于香港，与香港的房地产制度的各方面都高度相似，所以香港的房价走势对内地非常具有参考意义。香港房价曾出现过一次峰值，在 1997 年。随后，金融危机席卷亚洲，香港经济受到了极大的冲击。而在 2003 年，香港又经历了"非典"疫情。香港的房价自 1998 年起就一路下跌，一直到 2005 年才重拾升势。金融危机 + "非典"疫情，让香港的这一次房价走势非常具有参考意义。

从香港的房价波动，分析当下的房价走势

1984 年，中英签订联合声明，约定 1997 年香港回归中国。为防止港英政府在这 13 年里大量出售土地，趁机卷款走人，中方在联合声明里限定港英政府平均每年只能售地 50 公顷（1 公顷 =10000 平方米），大大压缩了香港的土地供应量。5 年后，香港的土地吃紧，房价开始迅速上涨。

到 1997 年时，香港的楼价达到最高峰，市中心的房价 1 平方尺（约 0.09 平方米）要 1 万港元，约等于 1 平方米售价 11 万人民币，哪怕把

城郊的贫民窟拉过来折合一下，均价也达到了 7 万多 / 平方米。要注意，这是 1997 年，不是 2017 年。在 2003 年，北京的房价，1 平方米也才 2000 多元。

如果你看过当时的港剧，就会发现里面的"霸道总裁"和主角们，住的就是"千尺豪宅"。一千尺，约为 90 平方米，这就是香港电视剧里的豪宅了。在普通人眼里，这就是大富大贵。

从图 13-1 中我们可以看到，1998—2003 年，香港特别行政区的卖地数量并没有显著的增长。所以我们可以认为，香港的房价下跌主要是因为金融危机刺破了地产泡沫导致的。

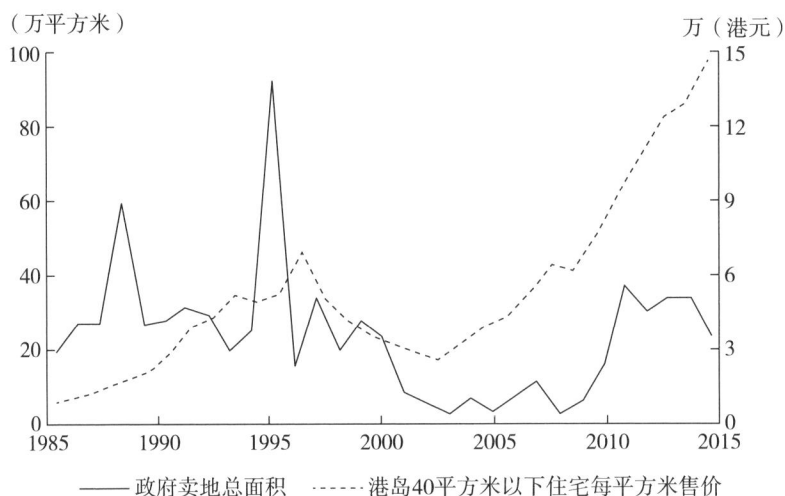

图 13-1　香港政府历年卖地总量及楼价

2003 年的"非典"疫情，给了香港的房价再次重重的一击。从图上看起来好像没跌多少，但百分比其实较高，这个道理炒过股的人都懂。房价从 100 元跌到 70 元，下跌 30%；房价从 40 元跌到 30 元，也是下跌接近 30%。香港的自有住宅率是 49.4%，房价下跌固然会让人很满意，但同样有人不满意。

从 2005 年开始，香港房价就开始一路上涨，并于 2010 年前后正式超过 1997 年的巅峰房价。

从香港的例子中我们可以看出，房价下跌未必是好事，而且房价这个东西无所谓有无泡沫，核心在于供给和需求。

房价的本质：供需关系决定价格

自 2001 年以来，中国内地的房价经历了 20 年的上涨，已经涨出了惯性。但这个上涨，并不是因为供给不足，而是因为需求太大。中国建的楼盘不可谓不多，不知道有多少人望着密密麻麻的楼盘说："这么多房子卖给谁啊？"

但实际上，绝大多数房子都卖出去了。不仅卖出去了，房价还一涨再涨。北京从二环扩到了五环，当年五环的很多房子都建在麦田里，很多人每天回家都有一种置身乡村的感觉。结果十几年后，这里全都住满了人，五环居然也被划进市中心了，通州才算郊区。这就是典型的需求太大导致的房价上涨，建再多房子都不够用。

但购房是可以贷款的，租房却只能用现金。这就导致房价的涨幅远远大于租金的涨幅，双方慢慢拉开了差距。租金收益低至 1.5%，表示很多人的经济收入已经和房价脱节了。这些人不是对房子没需求，而是真的买不起。有需求却没钱，就等于没需求，在市场经济里并没有区别，这就为房价下跌埋下了隐患。

如果有一天，我们发现房价真的不涨了，那面对区区 1.5% 的租房收益，没人会满意，我们也许宁可把房子卖了，然后选择租房，这个时候房价就会承受巨大的压力。但房价是可以维持的，因为需求减少了没关系，只要供应量也减少，就可以达到平衡的目的。

2008 年美国出现金融危机时，曾有人建议美联储直接购买房产，然后一把火烧掉，就是这个原理。房产建筑作为一种消耗品，并不是永恒不变的，设计院只给其定下了 70 年寿命。这相当于房屋每年会自然折损 1.5%，如果时间足够长，那效果就会很显著。

我们从卫星地图上可以明显看到，香港简直就是一片绿。从深圳关口去香港，需要乘坐三四十分钟的港铁才能抵达九龙。这三四十分钟的旅途中，经过的大多数都是郊野公园。香港只有 6.9% 左右的土地是住宅用地，农地、荒地、林地、草地、湿地面积高达 75.7%（图 13-2）。

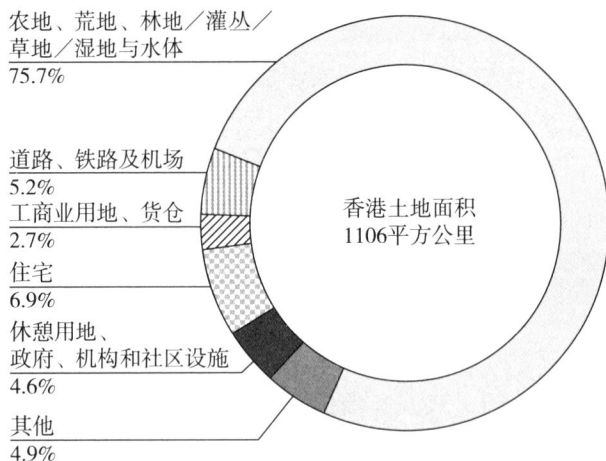

图 13-2　香港土地用途

谈论房价泡沫，其实没有意义

探讨中国今天的房价有没有泡沫，其实没太大意义。也许今天有泡沫，但一旦停止供地，那房价的泡沫不仅不会消失，还会被大大低估。也许今天没泡沫，但如果将城市周边的农田继续开发为住宅，土地供应量直接翻倍，那房价就有泡沫了。

2020年年初的新冠肺炎疫情虽然对房价有一定的冲击作用，但房价的本质是不会变的。在地球上，无论去哪一个国家，一种隐形的力量会引导你主动做出别人想让你做出的决定。只有洞悉了事物的本质，你才能做出正确的决定。

房价的本质就是一个税收游戏。城市建设需要大量的资金，但城市建设带来的经济好处，往往需要很多年后才能体现。按人类社会正常的发展路径，我们需要先积累很多年，攒够了资金，才能开始建设城市，然后等此轮城市建设的红利释放后，才能进行新一轮的建设。所以很多国家的城市化迟迟不能启动，或者进展缓慢，就是因为积累不够，需要时间。

而中国的房地产制度，是让全中国人一起投入资金来建设城市，让我们可以把未来数十年的积累挪到今天来使用。这让中国的城市化变得异常迅速，而城市化带来的红利，也反哺了大众。卖地相当于收税，地产公司相当于替政府收税的包税人，但所有参与的人也的的确确受益了，土地公开拍卖制度在过去的20年里，也的确对社会做出了巨大的贡献。

"城市化"的底层逻辑

中国借房地产制度实现了城市化，所以房地产已经深深地融入了中国的城市经济里，成为其不可分割的一部分，要想彻底剥离房地产，彻底摆脱地产对经济的影响，这几乎是不可能的。在中国，房价问题已经不再是一个经济问题了，而是一个社会问题。而房价越来越高，对各个地方政府来说也未必是好事。

在很多人眼里，政府出让土地能产生财政收益，自然会巴不得房价越高越好，这其实是一个极大的误解。实际上，过高的房价会导致企业和人才的流失，从而造成税收和房价失去根基，政府未必会"美滋滋"，甚至可能会"泪汪汪"。深圳就是一个例子，因为房价过高，华为被迫把基地和大批员工从深圳龙岗迁徙到了广东东莞。人才走了，产业链也走了，地方政府怎么可能会满意呢？

所以，要平衡房价和经济的影响，房价保持平稳是最好的。而在确定房价的时候，政府既要照顾无房的群体，确保他们"跳一跳"就能买得起房，也要保护那些有房群体的利益，不能让房价忽然大跌。目前中国的房价是中等水平以上的，为确保社会稳定，冻结市场就成了唯一的选择。而不管疫情对经济有多大冲击，政府都是有能力给房价托底的，阻止房价上涨也有很多办法。

疫情之后，有人认为买房的时机到了，有人认为该把房产套现了。在我看来，这几年的房产，注定只能以居住为目的，以盈利为目的的买卖都必然亏损。你对这个世界有多少认知，决定了你能赚多少钱。而这个世界上最需要认知的地方，就是楼市，因为这里动辄就是几百万、几千万的盈利和亏损。哪怕是利息，都是一个很大的数字。

不明白房价的本质，一味讨论泡沫和涨跌毫无意义。

第 14 章

理解房地产市场的本质，避免盲目入手

房地产的价格由什么决定

2015 年之后，中国屡次降低存款利率和贷款利率，资金成本大幅下降，基础的建设和基础的工商体系也基本完成，原始资本也积累完毕。大众最直观的感受是，钱似乎不再那么值钱了，中国的平均投资回报率开始回归平稳水平了。在今天的中国，资金的平均成本依然远高于欧美，投资收益率也远高于欧美，但还是比不上 2010 年之前。目前，你想找到年收益 12% 以上的回报率的投资项目，非常难。

2018 年的时候，银保监会的郭树清主席说，理财产品的收益率超过 6% 就要打问号，超过 8% 很危险，超过 10% 就要做好损失全部本金的准备——这就是官方认定的正常收益范围。而商铺的租金回报率，也从

10% 下降到了 5% ∽ 6%，成为一个典型的"长期理财产品"。充沛供应的商业地产，让商铺和写字楼的售价不断地向社会资金能接受的最低收益率靠拢。

如果你持有商业地产不卖，只吃租金，那你的感受应该还没那么深刻，毕竟疫情前商铺的租金一直在涨。但如果把关注点放到商业地产的售价上，就会发现前景不妙。商铺的售价几乎 10 年没涨了，甚至还在跌，而且越来越难卖，变成了"无法变现的资产"。也许你不打算卖，也没办法卖，但看到售价步步下跌，心里肯定也不好受。更何况，很多人当年是贷款买商铺和写字楼的，商业地产的贷款利率远高于住宅，这么多年的租金，很可能都成了利息，账面上也没赚到钱。所以，这 10 年是真正的"三代养一铺"。

疫情发生之后，投资商铺和写字楼的就更难了，租金和售价双双大跌。如果把疫情后也算上，说"五代养一铺"也不为过了。

从这 10 年里商铺投资的实际情况中我们可以看出，商铺的售价主要取决于租金和社会平均资本成本。社会平均资金成本，是由经济趋势及央行政策所决定的；而商铺的租金，则是由经济趋势和政府供应的商业用地数量来决定的。也就是说，商铺的售价是由经济趋势、央行资金利率、新增商业用地数量综合决定的。正常来讲，房地产类资产的价格就应该由这三项来决定，不管是商业地产还是住宅地产。

然而，我们的商业地产的价格是合理的，但住宅地产的价格，却被推得太高了。

被"保护"的住宅

前文说了，商业地产的售价之所以跟租金息息相关，最大的原因是那无比高昂的二手房交易税费，导致购买商业地产只能通过租金来回本。为什么这个政策没有影响到住宅地产呢？实际上，个人所得税、增值税等，早在 20 世纪 90 年代就有了，它们一开始就对所有土地交易都生效。通过超高的累进增值税来遏制那些利用土地牟取暴利的行为，这一招在我们 40 年前立法时就想到了。但随着时间的推移，针对商业地产的增值税政策还保留着，针对住宅地产的各种税费却取消了很多。

1994 年，财政部发布《国家税务总局关于个人所得税若干政策问题的通知》（财税字〔1994〕020 号），其中明文规定个人转让自用的达五年以上的、唯一的家庭生活用房，免征个人所得税。高达增值部分 20% 的个人所得税就这样被取消了。这条规定一直延续至今，中间曾被多次确认，从未被取消过，只不过前提条件被调整了而已——目前的政策是"满五唯一[1]"免征个人所得税。

1997 年，《关于土地增值税若干政策及征收管理问题的通知》（京财税〔1997〕198 号）第五条规定，住宅只需居住满 5 年，就可免征土地增值税。2008 年，中国颁布《土地增值税暂行条例》，其中明确规定，自 2008 年 11 月 1 日起，对居民个人转让住房一律免征土地增值税，无任何限制。目前，最新的政策是居住满 2 年，免征土地增值税——这个曾经会收取增值部分 30%—60% 的超高增值税税种就这样

---

1 该省份内所在城市，你就只有 1 套房子，且这套房子的房产证已经满 5 年了。

被取消了。

在住宅地产交易中，买卖双方还要缴纳印花税，但自2009年开始，国家暂免征收。换句话说，商业地产身上的那些税收政策，住宅地产曾经全都有，且最开始的时候土地税收政策并不区分商业地产和住宅地产，两者完全一致。

但后来，住宅身上的很多税种都被取消了。

为何在1994年取消关于住宅地产方面的个人所得税？为何在1997年取消关于住宅地产方面的土地增值税？这些政策的制定和取消，当然是有原因和目的的。

1981年，我国开始推行房改，鼓励住宅商品化，鼓励职工购买住宅。但这项政策的推进速度极为缓慢，大家还是都在等单位分房子，掏钱买房的人，不被人理解。

1994年7月，国务院正式下发了《关于深化城镇住房制度改革的决定》，要深化住房改革，全力推进改革进程。同年，住宅地产方面的个人所得税被取消。1998年7月，国务院发布《关于进一步深化城镇住房制度改革加快住房建设的通知》，宣布同年下半年全面停止住房实物分配，全面实行住房货币化。在全面终止住房实物分配的前一年，国家取消了关于住宅地产方面的土地增值税。

可以很明显地看出，1994—1998年，我国计划全面推进住宅改革，试图终结福利分房，开启住宅市场化时代。所以政策才会对住宅地产另眼相待，在1994年取消个人所得税和1997年取消土地增值税，也是理所当然的一件事。政府很清楚，没人愿意买房，还收这些税干吗？一切都要先让居民愿意买房再说。而降低税负，也能刺激住房市场的增长，刺激住宅建设量的增加。

最开始，推进住房改革，是为了扩大我国的人均居住面积，实现"居者有其屋"的目的。要达到这个目的，过量征税也不合适，因为大量的税负必然会给居民换房带来困难。后来，房价过热时，我国进行了一系列的调控，都以限购、限贷为主，其实都体现了房改的初始思想。

有人问："税收的最好对象就是有钱人，有钱人买得多，税收当然越高，房价自然就降下来了。那么，为什么国家要限购，而不是提高税负呢？"限购政策的出炉和长期使用，可以很好地体现房改的思想核心。要是以收税为目的，直接依照商业地产的税率收取住宅地产的税就可以了，又何必限购呢？所以，收税和卖地并不是我国推进房改的初衷。房改的最大目的，是解决中国的住房问题，其他的好处都是附带的。

中国的住房改革，一直在持续，到今天都没停止。2009年，为维护住宅地产市场，政府还暂免征收对住宅地产的印花税，哪怕它只是税率千分之一的小税种。2010年，根据（财税〔2010〕94号）文，90平方米以下的住宅，契税被优惠至1%，90到144平方米的契税为2%，144平方米以上的为3%。个人所得税和土地增值税的取消，让住宅地产交易的税负被大大地降低。

这些税种的取消和优惠，让二手住宅的交易成本被降低到了1%左右，还没有中介费高，简直令人觉得不可思议。也正因为如此，住宅地产成了一个极好的标的，交易非常便捷，买得进来，也卖得出去。因此，银行降息给商业地产和住宅地产的刺激程度完全不同。银行一降息，住宅地产的价格就大涨。因为市面上的钱多了，住房的投资价格自然就高了。与之相反的是，银行降息的时候，商业地产的价格近乎纹丝不动，市面上的投机资金对其不感兴趣，因为买了之后卖不掉，交易难度太大了，拿不到投机收益。

住宅地产的价格走势可以完全脱离房租，但商业地产不行。至于说靠商业租金把价格托起来，也非常不现实。经济好了，租金是会涨一些，但市场上会同时供应大量的新商业地产，导致商铺、写字楼的售价原地踏步，甚至更低。过去 10 年，商业地产的价格根本不受降息的影响，而住宅的价格，则一飞冲天，只涨不跌，远远脱离了房租的基本面。

房改目的：“居者有其屋”

刚才说了，房改的初始目的是“居者有其屋”。什么叫“居者有其屋”？不是指给每个人都发一套北京五环内的房子，因为五环内的房子总归是有限的。

从国家的层面来看，“居者有其屋”就是让全国范围内的住宅数量达到一定的标准，人均住宅面积也达到一定的标准。只要你想住，就一定有地方住，差别无非就是住大城市还是小县城而已。在此基础上，大城市的房子能达到够用的水平，让人能够好好地生存。所以，国家其实更重视住宅地产的开工量和销售量，这会直接影响整个房地产市场规划的顶层设计。因为只有大量的新住宅落地，国家才能决定应该如何将其分配给人们。

谁应该住在北京五环内，谁应该住在老家的小县城里，谁应该没房子住，这涉及如何分配的问题。但无论怎么分，我们首先得有足够的房产存量。我国住宅市场的根本性矛盾是加速推进的城镇化和城市住房总数量不足的矛盾。我在前文已经提到，目前中国的城镇化率已经达到 63.89%，而欧美地区的发达国家的数据普遍是 80% ～ 90%。换句话说，如果住宅地产的建设就此停工，那么中国目前的房子是远不够用的，除非我们立即终止城镇化，暂停经济发展。而高昂的房价和它只涨不跌的历史，能刺激房地产商不断地进行建设，能刺激居民大力地购买，因此高房价是暂时可以容忍的。

但高房价又是不可容忍的。那种一个人独占几百、上千套住宅，靠收租牟利的新地主阶级，在中国是不存在的，再有钱的人都不敢这样。目前房价导致的资产差异并不大，无非是"你有一两套房，我没有房"的差异。高房价会直接制造人与人之间的经济矛盾，城镇化率还没有高到一定程度，不管谁买了房，肯定有人没买到房。而没买到房的人，对于那些因提前买房而享受到房价大涨的红利的人，当然会产生一定的抵触情绪，面对那越来越高的房价，产生大量的不满和失落情绪。

对于这种不满，我们目前也很难解决，因为即使是"有房居民"，除了极少数投机分子，个人的房产持有量也都在合理范围内。

房价何时会下跌

冻结房价是没有办法的办法，也是目前唯一的办法。我们不能允许房价大涨，但是也不能放任其跌。无论涨还是跌，都会有人不满意，所以最好的办法只能是"横盘"。

但住房改革的推进，总有结束的时候。

20 世纪 90 年代之前，中国人的住房太少了，祖孙三代挤一个小平房的案例比比皆是。2000 年之后，中国的城镇化率以平均每年 1% 的速度推进，住宅地产的开工建设量一年比一年高，至 2020 年，我国的总城镇化率已经超过了 60%。按欧美的标准，80% 以上的城镇化率将接近极限，按此估算，最多 20 年，中国的房产数量将彻底溢出，数量远远超过需求。

当然，我们还要考虑到中国的住宅建设速度是先慢后快的，如今一年比一年快，2020 年的开工建设量是 2005 年的好几倍，而中国需要新房子的年轻人口，则是一年比一年少。综合考虑，我觉得 10 年左右，拐点可能就会出现——我们的房子够住了。

一旦住房改革的初始需求消失了，人民群众总体的住房已经够用了，那再利用超低税率来激活房地产市场就没有意义了。换句话说，当年取消住宅地产方面的个人所得税、土地增值税等政策的历史使命，届时就已经完成了。

此外，还有一个蓄势待发的房产税。这些税种只要恢复一小部分，对住宅的投机氛围就是致命的打击，尤其是土地增值税，对投机炒房客简直是"绝杀"。如果将商业地产的所有税负，全部直接套用在住宅地产身上，那么根据目前商铺和写字楼的市场行情，可以直接判断出住宅的租金回报率应该为 5% ∽ 6%。按目前北京住宅的租金回报率 1% ∽ 1.5% 来估算，北京的房价可能会下跌至目前房价的 20% ∽ 25%。

换句话说，北京五环的房价，将从目前的 4 万元 / 平方米、5 万元 / 平方米，下跌至 1 万元 / 平方米、1.25 万元 / 平方米。

听到这个推论，没房的人也许会高兴了："赶紧把商业地产的税收加在住宅地产头上吧。我要低价买房，强烈要求赶紧加税。"别天真了，房价如果真跌到这个程度，第一个拒绝买房的就是这类人，他们大概率会选择租房。

如今的商业地产，租金回报率在这样一个合理的区间，有人愿意买吗？知道实际情况的大都不愿意购买，不管是做生意需要商铺，还是办公需要写字楼，抑或是选择租房的。为什么很多人愿意高价买住宅呢？他们本质上还是冲着预期的收益去的。所谓的"刚需"是个伪命题，如果投入产出不合理，大多数人会选择租房。

房价下跌真的有受益者吗

同一地段的写字楼的单价往往远低于住宅，但就是没人愿意买。同样地，如果住宅的价格在今天跌下来，无论你有房还是没房，都不会真正获益。换句话说，就是没有绝对的支持者。但房价一旦下跌，利益受损的群众就会大量出现。

因此，现阶段商业地产的税负政策，很难直接在住宅地产领域恢复。因为时机不成熟，如果贸然恢复税负，大概率会导致房地产市场变得混乱。那么，税负永远不会恢复吗？当然也不一定。住宅地产的税负优惠，因住房改革开始而起，也会因住房改革结束而撤销。土地增值了，凭什么不能收土地增值税呢？所以这些税收优惠的取消是早晚的事，而且快则十年，慢则二三十年，只等到房地产市场失去其历史意义和历史使命。

　　所以，不要做房产投机者。如果你打算超过常态持有房产超过 20 年，那你就应该好好思考一下，住房市场在我国的历史使命究竟是什么，住房改革的历史使命又是什么。这段历史使命开始的时候，你可以糊里糊涂的，但结束的时候，你不能再糊里糊涂的。因为对于很多家庭而言，那代表了几代人的积蓄。

第 15 章

从股市的历史数据，
预测楼市的未来

中国股市的元年

在世界范围内，楼市和股市都是平起平坐的两大资本市场。但我国有些例外，我国的股市完全无法和楼市相提并论。

这些年，楼市的回报率远远超过股市，双方的差距犹如皓月之于萤火。但经济的本质规律告诉我们，价格始终在跟随价值走，当我们把时间周期拉得足够长，估值回归的规律一定是有效的。我认真研究了30年前股市的历史数据，发现其走势和楼市惊人地相似。借此研究，我们抑或可以直接预测楼市未来的走势。

中国的股市诞生于哪一年？中国的楼市又诞生于哪一年？

1984 年 11 月 18 日，飞乐音响面向社会发行 1 万只股票，每只股面值 50 元。1987 年 12 月 1 日，深圳举行了全国首次土地拍卖会，在这里建成了中国第一个商品房小区东湖丽苑。这是中国股市和楼市的元年吗？并不是，我个人认为，开启一场轰轰烈烈的大牛市的起始暴涨年，才能被称之为元年。

1990年11月26日，上海证券交易所成立，12月19日正式营业，开业时上证指数为100点。1991年，A股暴涨129.41%，随后开启了10年大牛市。到2001年6月14日，上证指数暴涨至2245点，10年翻了22倍（图15-1）。

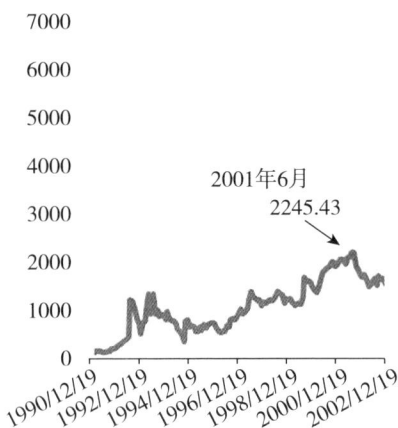

图 15-1　1990—2021 年上证指数 K 线图（年线）

在股市的黄金十年间，"炒股的"是一个"至高无上"的荣耀称呼，因为股票的单价很贵，少则三五十元，多则一两百元，买一手（100股）的起步门槛就是三五千到一两万。换言之，只要你能炒股，你的身家最少也是三五千元到一两万，在那个人均月工资只有两三百元的时代，这已经是普通人遥不可及的了。

在这个基础上，A股连续10年大暴涨，中间虽然涨跌起伏，但总涨幅22倍。那个年代，5倍、10倍的杠杆遍地都是，直接诞生了无数的造富神话，股票闭着眼买都能赚钱。什么"大户室的传说"，什么"坐庄风云"，这些故事都诞生在那个年代。在股市的黄金十年里，如果你说你是"炒股的"，那大家看你的眼神就真的变了。

1991 年，就是中国股市的元年。

中国楼市的元年

在 A 股红红火火的 20 世纪 90 年代，中国的楼市也开始蹒跚起步。那 10 年，国内有很多房地产公司成立，但赚钱的没有几个，倒闭的倒是不少，各地无人问津的房子积压如山。

1998 年 7 月 3 日，"23 号文"颁发了，终止了在我国实行了半个世纪的福利分房制度。同年，央行启动个人住房抵押贷款业务，用 2 成首付，甚至有的低至 0 首付来帮助居民购房。经过一年半的消化后，全国的存量住宅被一扫而空，随后供需开始失衡。2001 年第一季度，北京房价突然开始暴涨，一个季度内房价涨幅达到 97.3%。年初北京的房价每平方米才 2000 多元，到了年尾，已经接近 5000 元了。

从这一天开始，中国楼市开启了 10 年轰轰烈烈的"大牛市"。2011 年，北京二环的房价涨到了每平方米 3 万多元。从 2001 年到 2011 年，中国楼市有涨也有跌，但总体是持续上涨的，那时的人们闭着眼买房都可以。

在这个楼市的黄金十年里，如果你说你投资了很多房地产，那大家看你的眼神和 20 世纪 90 年代是完全不一样的。2001 年，就是中国楼市的元年。

第一次的折戟

在暴涨 10 年之后，中国的股市终于出现了第一次真正的折戟。自 2001 年到 2005 年，股市迎来了黑暗的 4 年，这 4 年里，股市从 2245 点慢慢阴跌到了 998 点。"庄股"的神话破灭了、扛不住资金压力的德隆系倒台了、大户室关闭了、高杠杆炒股的崩溃了，全国股民强烈呼吁要把中国股市推倒重来。

无独有偶，从 2011 年开始，中国楼市开始了史无前例的严格调控，严格限制房价上涨，开始了"冻市"的 4 年。连续暴涨 10 年的楼市，也第一次迎来了真正的调整。在这 4 年里，温州市的楼市"熄火"了，鄂尔多斯市的楼市"熄火"了，这在楼市的黄金十年里是不可能出现的。这是中国股市和楼市的第一次折戟，时间也恰巧都是 4 年，你说神奇不神奇。

第二次的腾飞

股市的波动性远远强于楼市，而且我国还是主张发展房地产的，所以在这折戟的 4 年里，股市回撤了一半，但楼市的回撤极小，甚至北京的房价还有小幅上涨。但回撤小的代价就是，在下一轮的腾飞里，楼市的涨幅也小。"黑暗 4 年"后，中国重启股市，A 股迎来了第二轮大牛市。

自 2005 年到 2007 年，A 股从 1000 点，暴涨到了 6124 点，上涨 6 倍，开启了一场疯狂的大牛市。疯狂到什么程度？那时候无论国家怎么打压股市，怎么提示风险，都鲜少有人听，连紧急出台的印花税政策都没能把股市疯涨的劲头打下去。2007 年，上证 A 股的平均市盈率已经达到了最初的 70 倍，这意味着你如果投资一家上市公司，要 70 年才能收回成本，这是不可理喻的。

我们将视角再拉回到中国楼市。长达 4 年的"冻市期"带来了积压如山的大量商品房库存，于是"去库存"开始如火如荼地搞起来了，中国楼市的第二轮大牛市也开始了。从 2015 年到 2017 年，全国房价平均涨幅在 1—1.5 倍，北京的房价由于在 4 年"冻市期"内还有微弱上涨，这一轮反而涨得很少，只涨了 1 倍。

但由于在那 4 年"冻市期"内，楼市没有跌，泡沫没有去掉，所以中国楼市的"市盈率"在 2017 年也达到了 70 倍，也就是说，如果单靠租金回报，需要整整 70 年才能回本，这同样不可理喻。

在这疯狂的两年里，不管国家怎么给楼市降温，怎么提示风险，都没有人听，楼市疯涨的劲头怎么都压不下去，后来终于出手，明令房住不炒，才算把势头压下去。

股市和楼市，不同中带着雷同

中国股市自 2007 年的这一次的腾飞后，彻底步入了"黑铁时期"。2008—2019 年，"炒股的"从一个光荣的词语，渐渐变成了一个带有投机性质的"贬义词"。这背后，是一次大暴跌和6年的漫漫熊市。而股民自2001年苦等十几年，再也没有见到股市重现20世纪90年代那10年的辉煌。

2007年10月16日，A股见顶6124点，随后开始一路狂泻，一直跌到了1664点才算止跌。2008年10月28日，在四万亿的刺激下，A股开始止跌反弹，从1664点上涨至2009年8月4日的3478点。随后，A股开始了漫漫阴跌路，一直跌到了2014年7月的2000点。

再之后，A股开始了2015年的大牛市，这是中国股市的第三轮大牛市。从2000点，A股暴涨到了2015年6月的5178点，涨幅2.5倍。再后来的事情大家就很熟悉了，股灾、阴跌、筑底。到2019年，A股是3000点（表15-1）。

表15-1　1991—2019年股市上证指数变化

股市	
时间	特点
1991—2001	自100点暴涨至2245点
2001—2005	自2245点阴跌至1000点
2005—2007	自1000点暴涨至6124点
2007—2008	自6124大暴跌至1664
2008—2009	自1664大反弹至3478
2009—2014	自3478阴跌至2000点左右
2014—2015	自2000点大涨至5178点
2015—2016	自5178点暴涨至2638点
2016—2019	整体横盘至2900点

股市整体领先楼市10年左右，那2017年之后的楼市，我们是不是可以用股市的历史轮回预测一下呢？楼市和股市有很多不同，但不同中又带着一丝雷同。如果以相同的短周期去预测，那我们会得到以下结果。我们把高度相似的两段周期进行直接类比（表15-2）：

表 15-2　中国股市与楼市（北京）阶段对比（1）

股市		楼市（北京）	
时间	特点	时间	特点
1991—2001	自 100 点暴涨至 2245 点	2001—2011	自两千元暴涨至 3 万元
2001—2005	自 2245 点阴跌至 1000 点	2011—2015	横盘微涨，3 万—4 万
2005—2007	自 1000 点暴涨至 6124 点	2015—2017	4 万—8 万
2007—2008	自 6124 大暴跌至 1664	2017—2019	横盘微跌，8 万至 7 万
2008—2009	自 1664 大反弹至 3478	2019—2024	预测：横盘微涨或微跌
2009—2014	自 3478 阴跌至 2000 点左右	2024—2029	？？？
2014—2015	自 2000 点大涨至 5178 点		
2015—2016	自 5178 点暴涨至 2638 点		
2016—2019	整体横盘至 2900 点		

　　楼市和股市的稳定性是完全不一样的，如果把 2 ～ 4 年的短周期加入其中直接类比，可能会有所偏差，如果以 10 年为周期去看，那可靠度就会高很多。同时，2007 年之后，股市大跌 75%，但 2017 年之后的楼市由于政策的调控，不可能大跌，最多是横盘微跌（表 15-3）。

表 15-3　中国股市与楼市（北京）阶段对比（2）

股市		楼市（北京）	
时间	节点	时间	特点
1991—2001	2245	2001—2011	3 万
2001—2005	1000	2011—2015	4 万
2005—2007	6124	2015—2025	自 4 万至 8 万
2007—2008	1664		
2008—2009	3478		
2009—2014	2000		
2014—2015	5178		
2015—2016	2638	2024—2029	8 万—12 万
2016—2019	2900		

鉴于 2008 年的股市已经通过大跌挤出了泡沫，而楼市没有，所以我们直接拿 2005 年 1000 点的股市和 2015 年的房价进行类比，更为可靠。同时，我们用 2019 年 2900 点的股市，去类比 2029 年的房价，也更为可靠。当然，鉴于 2011—2015 年楼市没有下跌，少挤了一段泡沫，实际数据的走势可能较下表有所下滑。

时间周期足够长时，价格始终是跟随价值走的，这是资本市场永恒的规律。

财富密码并不神秘

中国的股市和楼市受政策的影响都很大，每一轮回调，每一轮上涨的周期，又惊人地相似。我们可以感觉到，房价的确是被调控着的，这让房价回调的幅度极小，但与此同时，带来的可能是更漫长的横盘。

中国股市有三轮大牛市，但楼市目前只经历了两轮大牛市。换句话说，我们可以预测到中国楼市至少还有一轮大牛市，而且时间点很有可能是在 2024 年前后。但鉴于股市在 2008 年回调的幅度太大了，而楼市在 2018 年并没有下跌太多，所以中国楼市的第三轮大牛市，实际涨幅可能很微弱，微弱到我们甚至不觉得它是个牛市。

但如果时间周期再拉长，将 2029 年的楼市直接和 2019 年的股市进行对比，到那时候我们也许会发现，楼市在目前的基础上，可能还有一定的涨幅。2005 年，A 股是 1000 点；2015 年，房价（北京）是 4 万元。2019 年，A 股是 2900 点；2029 年，房价（北京）可能是

12 万元。

当然，我前面也说了，房价在 2011—2015 年的泡沫挤得不干净，所以数据可能有所下滑，因此我对房价（北京）的最终预估是 8 万—12 万，极端情况下有可能"一横 10 年"。

同时，A 股自见顶后，在历史上出现过两轮大的回调期。第一轮是 2001—2005 年，历时 4 年，开启一轮牛市。第二轮是 2008—2014 年，历时 6 年，开启一轮牛市。而这一轮牛市见顶是在 2015 年，从时间上来算，距离下一轮牛市出现也没几年了。

为什么那么多人都看好股市？从时间大周期上来看是有原因的。再过几年，无论是股市还是楼市，定有巨变，且在巨变爆发之前，必有重大政策出炉，无一例外。再结合历史大周期，你其实可以预测未来。财富的大门，其实没那么神秘。

第 16 章

经济内循环的现状下，
房价还有上涨空间吗

经济外循环的优势

自亚当·斯密提出分工理论后，这一经济学原理就成了在相同科技水平下大幅提高生产力的不二法门。以人为单位进行分工合作，以公司为单位进行分工合作——在这个基础上，甚至诞生了全球化理论——以国家为单位进行分工合作。A 国负责制造袜子等初级产品，B 国负责制造芯片等高级产品，双方互相贸易。这样，A 国的人民可以用更高的价格出售本国的袜子，用更低的价格买入芯片，从而让全体国民生活得更好；B 国的人民可以买到物美价廉的袜子，也能利用芯片技术支持本国科技发展，国民生活也会更好。

参与全球化的所有国家互利双赢，大家的经济都开始蒸蒸日上，这就叫经济外循环，也叫"坚持以出口为导向的经济增长体系"。参与经济外循环的所有国家，互相之间的联系会越来越紧密。谁退出这个循环，谁的经济就会遭到惨重打击。

假设 A 国退出全球化，那么短期之内，A 国的袜子等初级产品会严重滞销，工厂破产，工人失业，而芯片等高级产品的价格也会狂涨，且质量下降。这种双重打击会直接对该国经济造成重创，后果非常严重。当然，如果 B 国退出全球化，那短期之内 B 国的袜子等初级产品的价格也会狂涨且质量下降，同时芯片等高级产品会严重滞销，工人失业。这是一种双输行为，双方都会承受经济伤害。

有的国家特别喜欢用"经济制裁"当武器来敲打其他国家。所谓经济制裁，就是"不和你做生意了"，利用经济主导权把你踢出全球经济外循环。刚才说了，切断两国之间的经济循环，是一种双输行为。

如果一个大国对某个小国进行经济制裁，这对于后者而言可以说是有很大的打击，但对大国来说影响却不大。很多小国只有零星工业，根本造不出丰富的工业品，如果被切断了经济循环，只能靠自己从无到有，凭一国之力重新培育一棵"人类科技树"，这简直是不可能完成的任务。所以，全球诸多小国无一愿意主动退出全球化经济循环，就算是大国，也不乐意。这就是经济外循环的优势，同样体现了小国经济内循环的劣势。

经济内循环的优势

所谓经济内循环，就是以国内各单位的互相交易为主，只在本国内进行分工合作的经济模式。这种模式的劣势很明显，但也有优势。在经济外循环中，A国生产袜子等初级产品的能力和规模会越来越大，但生产芯片等高级产品的能力和规模会越来越小，最后接近于零，这是社会化大分工的必然结果。

但如果有朝一日，大家互相切断联系，A国没办法在短期内恢复自己的芯片等高级工业品的产能，因为这些工业品的科技含量太高了，但B国却可以轻而易举地恢复自己的袜子、鞋子等初级工业品的产能，无非就是价格略微高一点。双方确实是在分工合作，但地位严重不对等，B国享有绝对的主导权和定价权。

经济外循环越深入，持续的时间越长，A国被捆绑的程度就越深，在初始贸易竞争阶段，越是在国内处于劣势的高科技产业，越会逐渐凋零。强者恒强，弱者恒弱。所以，深度进入国际经济循环的拉美国家和日、韩等国，经济体系几乎都是"缺胳膊少腿"的，不敢轻易"造次"。

如果经济外循环被击破，那A国只能自己生产芯片等高级工业品，从而建立自己国家的完善的工业体系。假如A国本身足够强，理论上是有可能趁机超越B国的。

有的路，我们不得不走

我国给出了未来经济发展的新路线，那就是："一个以国内循环为主，国际国内互促的双循环发展的新格局。"以前的中国以出口导向型经济为主，而如今，以经济内循环为主，这里面的差别非常大。我们最初其实并不想这么做，哪怕是和美国打贸易战打得最凶的时候，也没这么想过。

经济内循环，以自给自足为主，这是贸易战时我国准备的终极后手，准备留在经济贸易对国内最不利的情况发生时启动。中国和美国，打打谈谈，互相纠缠了两年之久，双方都没有踏出那最终一步。美国之所以也不敢和我们切割，是因为这对美国产生的伤害同样不小。

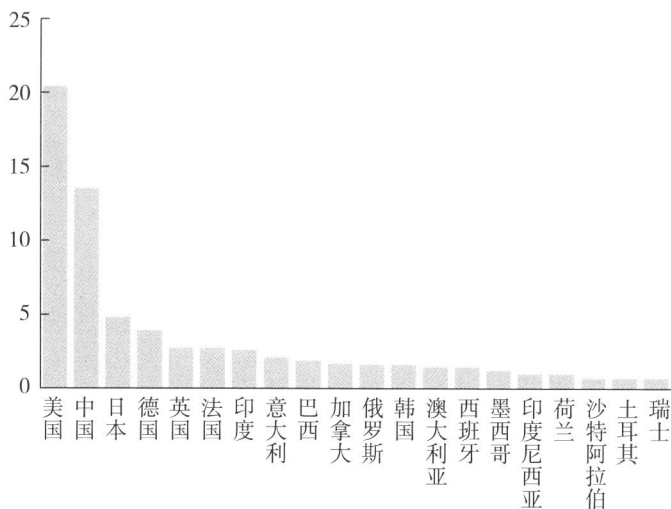

图 16-1　2018 年 GDP 最高的 20 个经济体（万亿美元）

但在 2020 年，新冠肺炎疫情在全球范围内突然暴发，彻底打乱了世界各国的计划和节奏。由于病毒的威胁，全球各主要经济体在事实上已经大量减少了人员和物资的往来。贸易战都没做到的事，可怕的病毒做到了。

在可以预见的短期内，全面恢复外循环并不容易。

在可以预见的中长期内，中美贸易很难恢复到从前了。所以我认为，经济内循环是当下较好的一个选择。

内循环和楼市的关系

以前，中国是出口导向型经济。简单地说，就是中国主要负责生产而不是消费，大量出口初级产品到欧美国家。而赚来的财富，我们用来投资基建，从而获得更大的生产能力和更多的财富，提高人民的生活水平，这就是过去 20 年中国 GDP 高速增长的重要原因之一。

很多年前的中国人太穷了，一直到 20 世纪 90 年代，还有少部分中国人为填饱肚子而发愁。中国人天生就爱储蓄，我们对物资匮乏充满了恐惧的记忆，我们不习惯大手大脚，不愿意当个花掉手里的每一分钱的"月光族"。

迄今为止，只有买房才能成功地让我们心甘情愿地"月光"。买房的本质其实是消费，但民众认为这是积累财富，是在给子孙后代留家产，所以房地产投资完美地解决了居民储蓄率过高的问题。曾经的中国不仅仅是落后和贫穷，还需要大量的建设来抹平历史欠账，我们不可能把辛苦赚来的财富全部消费掉。那怎么办呢？房地产再一次完美地解决了这个问题。

2000—2020 年，我们选择房地产作为重要经济手段，这不是历史的偶然，而是历史的必然。坐时光机重新来一次，我们还会这么干。但 2020 之后，出口导向型经济不合适了，我们开始走向以国内循环为主的双循环发展道路。外循环我们也要，但不能把希望全部寄托在国外，我们要大力发展内循环。

所谓内循环，简单地说，就是中国的产品中国人自己消费。这和出口导向型经济有极其根本的差异，也会带来一系列的影响。其中受影响最大的，就是房地产。房地产的核心目的，就是把居民的消费行为包装成投资行为，然后将进入房地产的资金拿去做真正的投资，进行基础建设。

高房价导致居民的储蓄率持续下降，大量的年轻人成了"月光族"。"月光"确实是"月光"，但这些钱都去还银行贷款了，真正被用来消费的很少。目前，能以什么手段来让国民养成消费的习惯暂且不谈，在鼓励民众消费之前，我们需要先解决一个很重要的问题，那就是居民手里到底有没有余钱进行消费。

高房价曾经是中国快速积累资金和进行基础建设的重要帮手，如今却成了内循环的最大障碍。

房子是中国目前最大的消费品，没有给那些快消品，如衣服、袜子、手机等留多少空间。房价越高涨，人们的负债就越高，可以拿出来消费的钱就越少。很多人的名义资产确实高，但多数人都在勒紧裤腰带还房贷，省吃俭用地度过每一个月，这没有意义。

以前我们可以对外靠出口赚外汇，对内靠房地产大兴基建拉动经济，但现在不能这样了。当务之急，是降低居民的负债率，提高大众的消费能力，这一切都和启动楼市的目的完全相反。

经济内循环的现状下，维稳房价是必然结果。

内循环经济的未来

中国进入内循环时代后，首当其冲被影响的就是房地产市场，其次被影响的就是外贸市场，以及沿海城市的经济发展。沿海城市的经济异常发达，远远超过内陆城市，这是因为我国曾经的经济核心长期是出口导向的，一切都以出口为主。所以我们可以发现，除北京外，中国的发达城市都离港口很近。而在内循环开启之后，沿海城市的这个优势会被大幅削弱。

当然，因为经济先发展的优势和人口规模优势，发达城市依然会是发达城市。即便是内循环，这里也是消费能力最强的地方。但以前那种遥遥领先于内陆的发展速度和经济规模可能会被平衡。在内循环时代，我们可以明确预见外贸行业的日子不会好过，同时内陆城市会迎来一波发展的春天，减小和沿海发达城市的差距。

中国是全球唯一拥有完整产业门类的最大工业国，同时是全球最大的单一市场，这让中国成为全球唯一可能完全实现内循环的国家。举个例子，江苏省和浙江省之间的分工合作，已经不亚于两个欧洲小国了。庞大的体量，也让中国的内循环之路走得没有那么痛苦。

以前，很多人说中国人辛辛苦苦造出来的血汗产品全送给美国人享受了，这种抱怨以后不会有了，以后中国的产品中国人自己消费。而在内循环的路上，高房价必然是绊脚石。

任何减少居民部门消费行为的产业和政策都是经济内循环的挡路石，都会被移除。过去20年的发展经验，不适用于未来20年。世界上没有永恒不变的东西，国力会变，经济趋势会变，国际局势会变，国内的发展模式自然也要跟着变。

开启经济内循环，是国家级智囊团经过综合分析最终得出的结论，这就是大势。如果有些"炒房客"抱着侥幸心理，还想赌一把试试，结果注定是"九死一生"。

欧美国家想把中国的高科技企业全部赶走，封的其实不只是5G，而是所有类别的中国高科技。但只要未来的中国市场能以一己之力达到整个欧洲的规模，那就没有任何阴谋诡计能阻碍中国高科技企业的发展了。

未来的20年，中国会全力培养国内的消费市场，并用本国市场来哺育中国高科技企业的成长，形成一条正向的科技发展内循环。

我们的经济和科技发展必将蒸蒸日上，任何拦路石，都会被中国人民毫不留情地摧毁。

Part

3

实操篇：
掌握创富方法，让资产翻倍

第 *17* 章
如何挑选值得价值投资的公司

价值投资的前提：信息透明化

价值投资，是一个老生常谈的话题。很多人认为，中国股市没有价值投资，只有美国股市才有。这句话是错误的，会这么认为，只能说明他们不懂价值投资的含义。

什么叫价值投资？就是分析某公司的基本面，根据财务报表的数据来分析该公司前景，然后长期持有该公司的股票。

听起来很简单，那么我现在是要给大家讲财务报表的分析技巧吗？不，我从来不学价值投资的分析技巧，那些专业的东西是券商分析师应该掌握的，由他们帮我们分析好就行了。我接下来主要和大家讲的是，财务报表的真实性。

我对财务报表的要求只有一个：上面的数据全是真的。可千万别小看这一点，因为能达成这一点要求的股票也许并不多。为什么有很多几百亿市值的"白马股"会陆续遭遇"暴雷"？因为它的财报有"瑕疵"。很多人用书本上的价值投资技巧分析 A 股，但报表的数据是有问题的，你分析了有什么用呢？

在满足财务报表真实性的前提下，我们还需要这家公司具备成长性。每年的业绩都持续稳定地增长，而且短期看不到衰亡的可能性，这样的公司才值得我们做价值投资。

听起来好难啊，怎么分析呢？

我们拿贵州茅台做一个简单的举例说明。我很少做个股推荐，但茅台算得上一个很典型的案例，值得我们去分析。

茅台的热度很高，茅台股是最大的人气股，稍有风吹草动，就有一堆媒体报道，董事长和经销商搞权利分配都能带成全国大讨论。很多人说，这表示茅台的关注度高，获得了大量的关注度溢价，所以茅台其实不值这么多钱。

但是我不这么看，关注度高恰恰是我喜欢茅台的最大理由。原因只有一个，那就是在铺天盖地盯梢茅台的媒体面前，茅台犹如一个透明人一样，我可以获得最真实的资讯。在这只股票上，我和大资金的知情权是一样的。

我再强调一遍，凡是做到信息公开透明，散户和大资金拥有相同知情权的股，都是难得的好股，包括但不限于茅台，这是价值投资的前提条件。茅台当然也有可能跌，但它的信息是非常透明的，我们能看到它最真实的数据，这一点至少能够让我们更加安心。

如何判断公司的成长性

很多股票，哪怕把业绩表拿到我面前，它的业绩表是真是假，它的战略规划是真是假，它到底有什么内幕我都不知道，也很难去了解。有些"垃圾股"一直拉抬股价，等散户入场，它们几年来的业绩看起来很漂亮，其实都是假的。

而那些经常上新闻、在媒体的眼皮子底下运营的企业公布出来的业绩，往往是真的。尤其是 A 股里的几只大热门，里面但凡有一点黑幕，马上就会被敏锐的媒体给挖个底朝天，出现可能轰动全网的大新闻。我们不需要请私家侦探盯着它们，它们所有的底细都在报纸上明明白白地写着。

将这样的股票拿在手里，我们是能安心睡觉的，不需要担心被人给合伙"坑"了。能做到信息透明化的 A 股大概不超过 10 个。在这一点的前提下，我们再看看所谓的公司的成长性。

很多人羡慕美股，说美股长牛，年年涨，无脑持股就可以了。自 2008 年跌到底部以来，美股大概上涨了 3 倍，的确比 A 股涨势更好。

很多人买不到美股，觉得很可惜。其实，A 股里也有比美股涨势还要好的股票。如图 17-1：

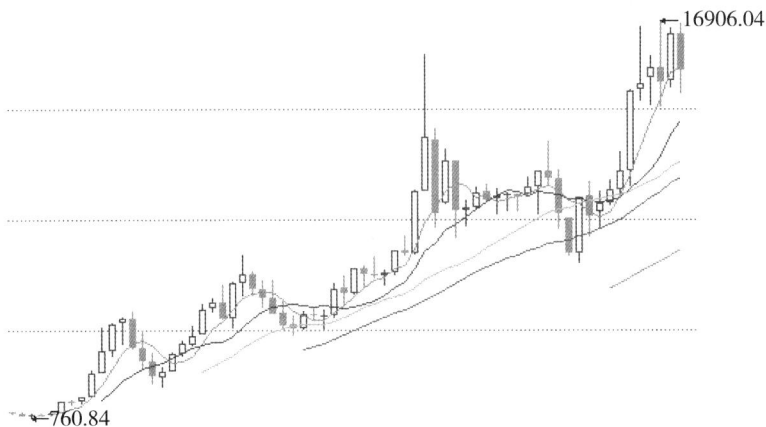

图 17-1　A 股某股票 2005 年 3 月至 2021 年 6 月 K 线图

　　这是一张真实的 A 股某热门股票的 K 线图，它的走势也是长牛，年年涨，自 2008 年以来，涨幅高达 30 倍。

　　很多人说，这只涨票涨得实在太高了，谁买谁接盘，不如买那些低价股，趴在地上很多年了，它总会涨起来的，所以应该在它低价时赶紧买入。这个逻辑听起来好像没什么错，但是如果按这个逻辑思考的话，那些人为什么还羡慕美股呢？美股涨那么高，他们就不怕"接盘"吗？

　　那些长期趴在地上的 A 股，未必真的会涨起来。

　　如图 17-1 所示的这只股票，涨得再高也无妨，只要它公布的业绩是真的，那就还是可以买入的，因为它极大可能会年年增长。从 K 线图上，我们可以直观地感受到它的成长性极强，直接帮我们进行了筛选。至于这家企业什么时候会衰亡，不需要我们去猜，也不需要我们去测，如果真到了那一天，中国的整个互联网都会讨论这件事情，众多顶级的私家侦探和分析师都会免费为我们服务，给我们提供丰富而全面的信息。还有比这个更省心的股票吗?

另外一只经典的白酒股票也是类似的道理,如图17-2所示,自2008年以来,这只白酒股票增长了25倍。它也能保证业绩的真实性和成长性。

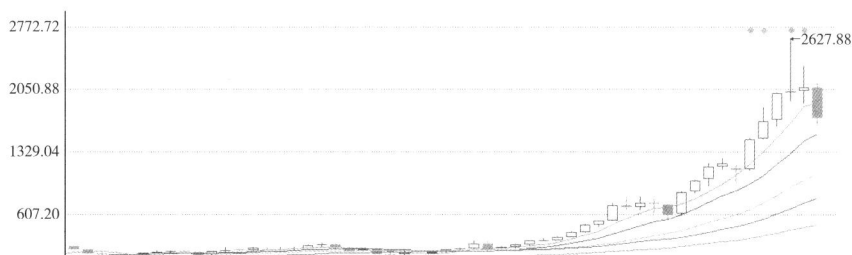

图17-2 2008年3月至2021年7月某白酒股票K线图

如果你真的羡慕美股,不如就直接买这些走势高度类似美股的股票。

虽说被媒体高度聚焦曝光的股票只有10个左右,但是这样年年拥有上涨走势的股票,A股中差不多能找出30个以上,这30多个股票,其实都有价值投资。而其中,我们再去筛选那些曝光度最强的股票,有大量的媒体帮我们盯着它们的业绩和数据,不允许它们存在任何黑幕。总之,投资这样的股票,我们心里会很踏实。

我们买这样的股票,暴富是不可能的,但是不会因为它们暴跌吃大亏,而且获得的收益往往比单纯的理财强。

价值投资，让你拥有可靠的收益

很多人买股票有一种投机心理，就是冲着"翻倍再翻倍"去的，梦想着在股票上发一笔大财。至少在我认识的人里，抱着这种心理进行股票投资的，99% 最后都血本无归。记住，在股市里，确保自己不吃大亏，才是真正的价值所在。

资本市场有那么多的股票，但让你敢于买了之后直接"锁仓"、卸软件，躺着就能获得收益的股票，真的不多。好在，论透明公正，论业绩增长，论价值投资，A 股里都有不输给美股的公司。的确有一些滥竽充数的股票混迹在市场里，不断以低价诱骗新股民"接盘"，如果把这些害群之马全部清理掉，在中国股市做价值投资，其实是很容易的。

一般我们抓住前面提到的两点，即高曝光度和高成长性，那就真的可以在定期买入之后不再操心了。你不在 A 股市场里买这样的股票，为什么有胆子去买那些稀奇古怪的股票呢？如果你对某家公司的各种信息毫不了解，一问三不知，为什么敢去投资它呢？

要彻底搞清一家公司的底细，想请私家侦探调查，没有几百万是做不到的，但如果你选择全中国媒体都在帮你盯着的公司，你的心里就会足够踏实。

知道了这一点之后，再运用价值投资的方法投资股市，是很难亏损的。

第 *18* 章

我的股票跌停了怎么办

亏损是怎样"炼成"的

"我的股票跌停了,该怎么办?"这是一个反问句,而不是疑问句。当你投资房地产和股票的时候,有没有想过一个问题:如果有一天,你持有的股票真的跌停了,你打算怎么办?我觉得很多人都没考虑过这个问题。如果你没有考虑清楚这个问题,那投资亏损是迟早的事。

当你买入一只股票,然后这只股票的股价翻倍了,你打算怎么办?卖出,还是继续持有?

如果你选择卖出,那我们再换个问题:当你买入一套房子,房价翻倍了,你打算怎么办?见好就收,迅速卖了?

如果你在 2001 年买入了房产,打算 2005 年卖出,如果看到房价跌了，你一定会哭得很惨。所以，见好就收这套逻辑对房地产来说是不奏效的，20年的走势，已经让我们深信这个道理。

其实，很多真正具备投资价值的股票，在过去20年里也涨了无数倍，把那些曾经不相信股票投资价值的人"揍"得鼻青脸肿。

问题又来了，如何找到那些具备价值的股票？

如果你把股票视为零和博弈，那"见好就收"是无比正确的。反正是零和博弈，你赚了就一定有人亏，我现在赚到了，当然要走。对应诞生出来的炒股思维，就是"越涨越卖，越跌越买"。收益涨了20%的股票全卖了，跌了20%的股票全拿着。反正零和博弈嘛，跌多了自然会反弹，只要拿在手里时间够长，一定能涨回来。这么想的人，亏得往往很惨。这一招，谁用谁亏，不信的人可以去试试。

那么，最佳操作策略是卖掉亏损的，只保留盈利的，越涨越持有吗？下图是茅台股票在过去20年里的走势图：

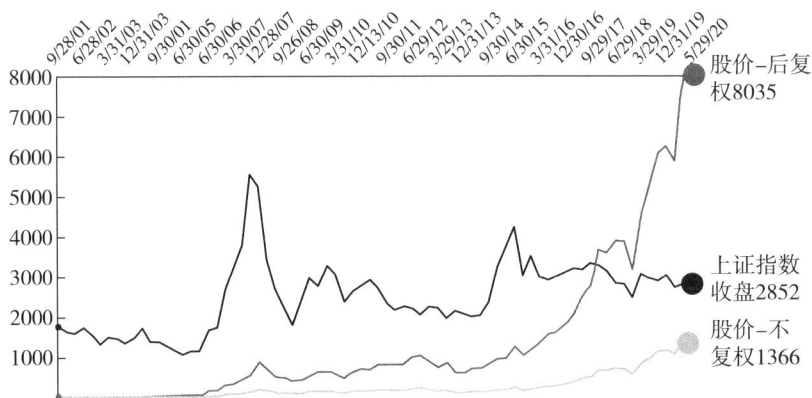

图 18-1　2021—2020 年贵州茅台股价走势图

股价不复权、后复权和上证指数趋势对比

很明显，除了大熊市能让这只股票弯腰之外，它在其他年份里就是单边上涨的。20年来，贵州茅台的股价涨了近300倍，账户里的盈利会越来越多。那就说明越涨越持有喽？不是好股票怎么会上涨呢？

别急，看一下另外一只股票，就是乐视网。乐视网在2010年年底上市，上市4年，股票涨了40倍，其日线图也是单边上涨的。

图18-2　乐视网2010—2013年日K线图

这种涨幅，这种盈利速度，吊打市面上的大部分股票，4年40倍，太惊人了。如果还按这种速度上涨，8年就可以涨1600倍！而且，只要你买入乐视网的股票，收益就是单边涨，回撤也极小。如果你在它上市最初时买它，买入就赚。股票涨了半年你不信它，涨一年呢？涨两年呢？收益赚10%你不信，它帮你赚50%呢？赚100%呢？赚200%呢？

如果你在乐视网上市之初就坚定地持有它的股票，那到崩盘前夕，你的盈利会是当初的4000%，这是足以让任何一个资本疯狂的盈利数据。

不要嘲笑那些曾经疯狂抢购乐视网定增份额的人，当年的乐视网真的太牛了。

当然，这只股票现在已经退市了，接近归零。所以越涨越持有这种策略有时候明显也是有问题的。

一招让你避免亏损

看到这里，你是不是会觉得投资好难，简直不可捉摸？

其实也不难，只要你弄清楚一个问题就可以了。当你的股票跌停时，你打算怎么办？

当然，类似的问题也可以推广到房地产投资。不要认为优质股票就不会跌停，也不要认为优质房地产不会跌停。实际上，所有的优质股票都会跌停，有时候还可能连续跌停，甚至包括被神化到云端的贵州茅台。

茅台可能会大跌，北上广深的房地产也可能会停涨。如果你觉得它们永远不可能下跌，月月都必涨，那你就真的太幼稚了。问题的关键是，当它们下跌后，你打算怎么办？乐视网的股票不是一天跌成零的，而是断断续续地跌了 4 年多，才从云端一点一点地跌了下来。而贵州茅台，在 2008 年大熊市和 2012 年的时候，也曾阴跌掉 70% 以上的股价。这看起来，好像与乐视网又是那么相似。

到底怎样才能区分出哪只股票会不断地下跌，而哪只股票只是阶段性回撤呢？

先问自己几个问题：

这家公司到底是怎么运转的？盈利到底是怎么来的？

今年会有多少盈利？明年又大概有多少盈利？

列出这些问题其实一点都不难。如果我手里有家公司打算卖给你，连这些问题都搞不清楚，你会花钱买吗？而如果我把这家公司给拆零了卖给你，你怎么就敢买了呢？

很可惜的是，现实中绝大多数人，根本就不会去花时间搞清楚自己买入股票的公司。不清楚盈利数据就算了，有的甚至连这家公司是靠卖电视机赚钱还是靠卖微波炉赚钱的都不知道。很多人什么都不知道，炒股全凭感觉和小道消息，股票一跌他们就心慌，想赶紧卖掉；一涨也心慌，想赶紧卖掉；涨多了心更慌，想赶紧卖掉……跌多了倒不心慌了，但是心痛。然后他们就不行动了，长期持股，在漫长的等待中期待它能再次苏醒。

就这样，他们精准无比地淘汰掉了所有的优质股票，留下的全是垃圾股。

如果你心里很清楚这家公司是干吗的，也知道它将来想干吗，就可以规避上面的风险。因为那时候你不是在买股票，而是在买这家公司，只不过你本钱很少，只能买一点点而已。你也不会被短期的涨跌迷惑双眼，你心里很清楚这家公司的实际价值。

让媒体帮你做调研

过去，我多次给大家公开推荐过某两只白酒股，告诉大家这两家公司有投资价值。但实际上，在我个人的股票池里，有很多只股票被我经常轮换。这两只股票只是我持仓比例最大的股票，但绝不是全部，甚至也不是盈利比例最大的股票。但我在公开场合只敢说这两只股票，其他的一律不敢提，主要原因是公开说这些东西的风险很大。

有些股票跌停之后我知道该怎么办，而有些股票则不然。这两只股票绝对不是这个市场上最佳的投资标的，也绝对不是最有投资价值的公司。有很多家公司，我们买入之后会赚得更多。也有很多高手，通过不断地微操，能赚到更大的利润。

这些我都知道，但不纳入考虑。因为我买入的这两只股票有一个最大的好处，就是国民聚焦度极其高，简直是无人不知。如果它们某一天跌停了，会有很多媒体进行追踪报道。

不管是金融类媒体还是娱乐类媒体，都会出来讨论，说不定能把这两家公司从头扒到尾。

所以，不怕跌停的公司，其最大的特点，就是身上无秘密。哪怕跌停，也会有无数媒体和文章来帮你分析这家公司为什么会大跌，未来的前景会怎么样。你就算亏钱了，也绝不会不明不白地亏钱。

赚，是理所当然地赚；亏，那也是明明白白地亏。

鹤岗的房子一直跌到几万元一套，跌到快"退市"了很多人才知道是怎么回事。而深圳的房子，哪怕每平方米跌9元钱，几乎都能上新闻，然后一堆人来分析其未来的走势会如何。不管说得对不对，至少各路声音出来了，其中有反方也有正方。

真理这东西，越辩越明，最怕没有任何声音。鹤岗的房价受关注度不高，深圳的房价有全国的精英帮忙分析，这就是差距，是巨大的差距。

股市也一样，如果没有大量媒体广泛报道，难道我们还真要跑到上市公司里做一个摸底调研？我们可没那工夫。而如果某家公司的股票因全民聚焦拿到了流行性溢价，只要一直保持这么高的曝光度，只要不做假账，这份溢价就会永久性保持。当年花多少钱买的这个溢价，将来也能多少钱卖出去，这类股票的溢价类似于学区房的价值，所以风险极小。

投资不是"糊涂账"

我从其他很多优质股票的身上也赚了很多，但往往赚得莫名其妙。这些股票涨的时候我不知道它们为什么会涨，跌的时候自然也不知道为什么会跌。比如医药股，虽然我赚了很多，但它们将来如果真的跌停了，我心里同样没底，不知道是卖出止盈好，还是死扛到底好，更不知道跌多少卖出是最佳选择。所以我只能选择每只股都只持有个位数仓位，这样我才不会心慌。

总之，因为股票跌停的时候，我不知道该怎么办，所以从这种股票身上赚再多，我都只敢持小仓位。

北京房价的走势，那是明明白白的。北京市要控制总人口，一堆媒体早在几年前就已经分析了北京房价必将稳定的原因，信不信由你，但真相早就爆出来了，至少选择权是给你了。

在大量媒体的帮助下，你能够轻易地掌握一座城市的房地产的盈利以及明年的预测盈利（房租），也能第一时间掌握这个城市的房价走势（牛/熊市），同时还能第一时间掌握这个城市发布的各项政策带来的可能会出现的潜在影响。

这是做投资的基础和前提，如果连这些都不懂，那你完全就是来送钱的。很多人靠买房实现了财富增值，只能说他们运气好，摊上了风口，碰上了房价一直涨的时代。因为房产这东西不好买卖，他们被迫持有好多年，又碰上了大时代，然后就稀里糊涂有了收益。

但只要是资产，就一定会分三六九等，而且永远遵循"二八定律"，即20%的资产会拿走80%的利润。在风口上，猪都可以飞，但潮水早晚会退。

资本市场永远不是非涨即跌的，反而是涨的时候带跌，跌的时候带涨。涨涨跌跌，让你永远搞不清方向。

把握你的"本命股"，让财富轻松增值

经历20年的暴涨后，房地产市场处于估值的相对高位，而股市处于估值的相对低位，已经具备了投资价值。但股市最特殊的一点，在于给了你随意买卖的权利。对于投资高手来说，这个权利比黄金还珍贵。但是对于什么都不懂的普通百姓来说，这个权利简直是天字一号巨坑。楼市那种动不动就锁定几年的限制，反而更适合普通人。

买入股票或者房地产之前，先问问自己，如果将来这份资产跌停，你打算怎么办。是迅速卖出规避后续损失，还是死扛到底？如果你心里有底气，很清楚地知道自己应该怎么办，那就可以买。

说说我的策略：

如果我买某套房子是为了居住，那么房价跌不跌是无所谓的。

如果我买某套房子是为了资产保值，那么年收益 1.5% 的租金我觉得就很好了，我看好这座城市发展的基本面，且认为其未来的经济活力会翻倍，那么无论房价是涨还是跌，我都不会卖。

如果我买某只股票是为了养老，我看好它未来 20 年的发展轨迹，认为这家公司不可能倒闭，无非就是发展快一点还是慢一点而已，但都肯定比银行理财强，那么无论这只股票是涨还是跌，我也不会担心。

如果我买某只股票就是投机的，我觉得这家公司的股票被严重低估了，我看好它发展的基本面，认为其未来的盈利必定翻倍，在这种情况下，只要该公司的发展轨迹不变，我是不会考虑卖这只股票的，或者远超估值才会卖。

关于"跌停了怎么办"这个问题，如果你有以上的觉悟，那你就可以买。如果你回答不了这个问题，那我劝你还是把钱存在银行，别指望投资发财了。一头雾水地就把钱投出去，能不亏钱就是最大的幸运了。

正常来说，一个人一辈子能搞清楚两三家公司就不错了，这已经比你自己开公司要容易很多了。每天都有人问我各种与股票有关的问题，我很少回答，甚至连与古井贡酒有关的问题我都不会回答。

古井贡酒和茅台、五粮液是不是很接近？是很接近，但是我搞不清楚，我也没太多时间和精力去搞清楚。

被长期持有个三五年，摸清脾气了的，且始终保持盈利了的股票才能被称为"本命股"。有这样的股压底仓，我们才有资格去买其他的股试一试。对于房产，原理也是一样。只有预先知道跌停了应该怎么办，不会动不动就失了方寸，你才有可能通过投资盈利。

第 *19* 章

如何利用复利，
让你的资产翻倍

资产翻倍真的可能吗

很多人一直问我如何快速发家，最好能一年翻一倍。

随随便便就实现资产翻倍是不可能的，至于那种资产一年翻一倍的情况，更是不现实。中国原财政部部长甚至说，保证 6% 的年收益率的理财产品都不靠谱。如果有人说他能保证 100% 的年收益率，那你一定要绕道避开，他绝对是骗子。

至于说能教别人年收益 100%，那就更不可能了。知识的传递是有损耗的，年收益 300% 的人，也未必能把你教成年收益 100% 的，这还要看你的天赋。有年收益 300% 的人吗？当然有，但不可能是稳定年收益 300%。

游资圈里有一句话："一年十倍的人很多，但十年一倍的人很少。"运气好，一年十倍不是梦，更高的甚至也有，这些人基本都是用杠杆且有逆天好运的。投资股票的人这么多，哪怕十万里挑一，也会有大量的好运儿出现。

其他遭受了巨大亏损的人，默默地不说话，没有人知道他们的存在。但如此暴利之后，没有人会收手，他们也根本不可能收手。那些幸运儿不会一直这么幸运下去，能在十年后还能获得一倍收益的人，其实很少。如果你把股市当赌场，那自然是"久赌必输"。即使对那些大资金而言，一年可以赚10%～20%的收益就已经很不错了。有些人说："我钱少，他们钱多。那些身家几千万上亿的，每年哪怕赚10%就够多了，但我不行啊，我就10万块钱，一年10%的收益真的不够，我一年赚一倍，也要连续10年才能追上他们。"

资本市场里大鱼吃小鱼的原理，难道没人听说过吗？大资金才有本钱去聘请专业人士，让他们用专业的知识帮自己打理财富。你钱少，收益率应该更低。而你看到的那些富豪，也都不是一夜暴富的，他们都是依靠时间的力量将财富积累起来的，他们本身的收益率并没有那么夸张，只不过他们持之以恒地做到了稳定收益。

复利：曼哈顿岛的启示

1626年，一名荷兰人花了24美元，从当地印第安酋长手中拿走了曼哈顿群岛，然后据为己有。根据当时和印第安人的协议，印第安人有权索回此岛，但需要还本付息，双方约定的年利率为6%。

1980年，这位印第安酋长的后代将曼哈顿政府告上了法院，要求美国政府归还曼哈顿群岛，并出示了当年约定的协议。经专家考证，这件事是真的，美国政府的档案中也有记载。

美国政府自然不愿意归还这个岛群，他们要求这位印第安人支付历年来建设曼哈顿岛的费用，因为土地属于印第安人，但建筑物不属于。另外，美国政府帮这位印第安人算了笔账，就算按照当年的约定执行，他们至少也要把24美元的本息给支付了。1626年到1980年，总共354年，按每年6%的复利进行计算。这位印第安人需要为当年的24美元，共还本付息218亿美元，相比本金翻了9亿倍。印第安人支付不起这笔巨款，于是此事就此作罢。

这件事轰动一时，于是有好事者发扬八卦精神，继续算账。

整个曼哈顿群岛的土地加上建筑物如果全部购入，按挂牌价总共需要花费238万亿美元。当年借给印第安人的24美元，如果能稳定达到每年11%的收益率，从1626年投资到2000年，那么恰好也可以获得238万亿美元的收入。这就是复利的威力，大到令你目瞪口呆。所以，想成为巨富，最大的阻碍在于你是不是稳健且长期的富有，而不是短期的暴富。你好不容易累积了50年的复利，一次投资不慎亏得倾家荡产，那复利自然也就没意义了。

如何才能得到稳健的复利

什么生意才能长久稳定地赚取复利呢？虽然我无法推荐你做什么生意，但我可以教你怎么长期稳定地获取复利。这个世界的经济符合

"二八定律"，甚至可能是"一九定律"——绝大多数人和绝大多数公司注定是平庸的，大量的财富被少量的人和少量的公司赚取。不要用战术上的勤奋来掩盖自己战略上的懒惰。不要偶尔熬个夜、加个班，就觉得自己要发财了。

论勤奋，你永远比不过流水线的工人。他们都没有发财，凭什么你发财？事实上，大多数普通人再怎么努力，也很难改变自己平庸的命运，因为普通人就是普通人。但有一种办法，却可以让你分享那10%的优秀公司的成果，那就是股市投资。

巴菲特本身不做任何生意，但他成了世界上最富有的人之一。而巴菲特的绝大多数投资收益，都是从少数公司身上获取的。巴菲特的合伙人查理·芒格说过："如果把我们最成功的10笔投资去掉，那我们就是一个笑话。"

以前的巴菲特之所以成功，主要靠的是可口可乐，而近些年巴菲特取得的成果，主要靠的是苹果公司。今天的巴菲特在苹果公司的持仓高达47.78%之多，他将近半数身家都押在了苹果公司身上。而近10年来，苹果公司的股价上涨了接近40倍，所以巴菲特才是股神，这就是"一九定律"。

那怎样才能找到像苹果这样优秀的公司进行投资呢？事实上，最优秀的公司一直是在不断变迁的，越成功的人越知道这个道理，没有哪家公司可以永远立于不败之地。一家公司的成功，不仅要靠个人的努力，还要考虑历史的进程。所以我们可以看到，有一些非常优秀的企业创始人，往往会在很早之前就低价抛售自家公司的股票，购入了很多其他公司的股票。他们并不是不看好自己的公司，只是不想错过下一个龙头，借此让自己的资产收益曲线更加平稳而已。

筛选出一家优秀公司的道理也是一样的。

我看好 10 家公司，能保证这 10 家公司的股票一定都暴涨吗？别开玩笑了，谁也不可能看一个准一个，连股神巴菲特都有看走眼的时候。曾经，我在我的自媒体平台上给大家推荐了十大"白马股"，它们后来之所以基本都暴涨了，那是因为恰好遇到了"白马股"大涨之年。那时候几乎所有白马股都暴涨了，所以那 10 个都涨是很正常的事情。

事实上，正常的年份，看准一个股是很困难的，巴菲特都没这本事，我当然也没有。很多公司的创始人自己都不知道自己的公司能活多久，你怎么知道？所以我们选公司进行投资时，眼光自然很重要，但更重要的是获得的反馈。

如何筛选出优质的公司

真正的好公司，是应该可以持续不断地帮你赚钱的。没有利润，甚至连营收都没有的公司，只有风投，而且还得是泡沫期的风投才敢投资，普通人就别去掺和这种公司的事了。

所以，在自己确定好的股池里面，对于看不懂的公司，应该一律踢掉。不管什么原因导致你看不懂，都应该排除掉。哪怕事实上你是错的，那家公司是对的，你也应该排除掉。

选定新股票之后，第一次一定只能极少量地买入，哪怕这只股票你已经看懂了，也要极少量地入手。

我第一次购入新股，一般不超过总仓位的 1%，之后至少持有半年，再看看是否加仓。一般持有 1 年以上，我才敢确定这只股很不错，并对好友推荐。真正的好股，应该能够不断让你的账户"变红"，从浅红变深红，而且你非常清楚这家公司的利润是怎么赚来的，即它的利润来源合情合理且易于理解。我虽然没本事从市场上赚这份钱，但还是有自信能看懂你为什么能赚钱的。如果连这么基础的本事都没有，你还是老老实实地把积蓄存银行吧。

如果购入的新股在持有半年或一年之后没有给你正反馈，也就是没让你赚到钱，或者让你赚的钱不多，那就不要加仓，你甚至应该砍仓。而那些让你持续赚到钱的股票，你就可以不断地加仓。

巴菲特持有的苹果公司，就是这么加到47.7%的仓位的。实际上，我手里的茅台也差不多，我最初入手时也很谨慎，之后才一点一点加仓的。

但是，我还是认为，如果你是新手，不要再买白酒了，可以考虑下新手入门股，也就是银行保险股。为什么我会有这样的建议呢？因为我常常在自媒体后台的留言中看到各种问题，股票跌个2%就有一堆人跑过来问怎么办，有人心慌意乱，有人心灰意冷。

什么叫投资小白？投资小白就是收益涨100%他可能都毫无感觉，但跌个2%就一脸惊慌，要是跌个10%，更会直接"心态爆炸"，拼命地刷屏问怎么办。这种新手，我建议还是买那种涨得不多，但也不太会跌的新手入门股。至少，这些股票的收益往往比理财强不少，可以先尝试投资一年，练练性子。

克服你性格的弱点

由于人性的弱点，我们很难练就理论上的好心态。包括我本人，如果看到账户一片大绿，我也不会开心。股票一天之内的涨跌，确实会影响到持股人当天的情绪。即使是很多年年都保持上涨趋势的股，也不可能保证天天涨，账户"绿"的时候不仅有，而且还很多。

所以，除了选定一只靠谱的"本命股"之外，我还买了很多不同行业的白马股。这些股的作用只有一个，那就是和我的"本命股"进行对冲。最好是"本命股"涨的时候它们绿，它们涨的时候"本命股"绿，但总体都是涨的。这样，我的心情会好非常多，毕竟大红、小红都是红。每天都红一点点，我的持续信心会高度暴涨，并轻松愉快。

最近10年，A股里上涨了10～30倍的股票很多。这样的优质公司，哪怕陨落，也不会在一两天内崩盘，哪怕衰落都要衰落好多年，时间长到足够你出场。当你发现它已经很久没有给你带来让你惊喜的盈利时，就可以抛弃它了。

不管是什么原因导致的无盈利，只要账户上一年都没看到盈利，你就可以换股票了。因为只要你一开始选的不是不靠谱的公司，而是真正有利润的公司，给它一年考核期是完全足够的。这样慢慢地筛选，不断地进行优胜劣汰，那么你手头持有的，最终会是目前全中国赚钱能力最强的公司，甚至比中国绝大多数精英开设的公司都要强。

而你不需要创业，也不需要成为行业内最优秀的人，一样可以分享这顶级的公司所创造的利润。你只需要在开始时坚定持有，然后依靠时间的力量，慢慢给自己的资产增值。至于资产翻倍，其实很简单的。

第 *20* 章
如何利用横盘套利

横盘就是莫名其妙的涨跌

什么叫横盘？横盘就是不涨，也不跌，涨 3% 就向下跌 2.8%，"温吞水"行情。如果把股市走势比喻成运动比赛的话，横盘就是典型的"垃圾时间"，让人看了会发困，比起大涨大跌时的惊心动魄，横盘显然无聊多了。因此，对于横盘我没什么好说的。一般遇到横盘的时候，我会告诉大家，按照历史规律，会筑底震荡几个月，不需要太担心。

很多时候我本来没打算看盘的，结果被网友给我的留言吓得迅速打开软件，想看看自己的账户有没有大缩水。

大家的留言通常是这样的：

"青木，美的是不是要崩了？"

"青木，茅台是不是要'凉'了？"

"青木，五粮液还能拿吗？"

"青木，平安是不是'暴雷'了？"

……

"青木青木，你怎么不说话了？"

结果我发现很多股票只是小涨小跌而已，却把大家搞得特别不安。

处于横盘中的大盘，几乎可以拉出一条直线，股价在上2%和下2%之间徘徊。基本上，过不了几个月，横盘期就会结束，然后股价自然地继续向上，脱离筑底区间。

为什么我要坚守横盘呢？为什么我不把那些钱抽出来做其他的事情，之后再买回股票呢？这样来回折腾，才能最大化地利用资金价值啊。

我知道，很多新手都做过这样的美梦，试图榨干资金的每一分潜力，让其用最快的速度增值。当然，这些人的下场往往都很惨。这里给大家解释一下他们为什么会很惨，这不是运气问题，而是必然结局。

世界是混沌的，股市更是混沌中的混沌，大方向也许是明确的，但小波动和意外也会经常出现的。任何行业、任何领域都是如此，而股市把这一个特点又给极致放大了。比如，我对某一次横盘有90%的把握，这个把握够大吗？够玩资金腾挪游戏吗？答案是不够，远远不够。

在新手看来，能够直接判定某只股票未来会筑底横盘是很厉害的，但这对于实现你梦想中的"神之腾挪"操作来说完全不够用。那么，如果有一个高手，水平远远超过我，有99%的把握判定此次横盘，可以玩资金腾挪游戏吗？还是远远不够，因为对于资金腾挪游戏，就算有 100% 的把握都不够。

为什么 100% 的把握都不够？因为你只是有 100% 的把握判定横盘，没有 100% 的把握提前 3 个月判定横盘在哪一天结束。差一天，腾挪操作就会失败。同时还有个更关键的问题是，你有没有 100% 的把握判定横盘结束前一天的股价一定比你卖出时要低。哪怕这时的价格高一点，都会让你这次的所谓资金腾挪操作成为一个笑话。

3 个月你能在外界获得多少无风险收益？最多也就 1%，这样的理财产品已经很不容易找了。1% 是一个什么概念？横盘期间，贵州茅台最低跌到过 1900 元 / 股，而且多次下跌到 2000 元以下。如果你选择在 2000 元的整数关口"高抛"茅台，等 3 个月后资金腾挪利用完了再买回来，那么到时候只要茅台的股价高于 2020 元，你这次的操作就完全是个笑话。

如果资金腾挪 3 个月能获得 10% 的利润，那上文的操作的可行性就会大很多。但可惜的是没有，也绝不可能有，你只有 1% 的空间。你在 3 个月内之所以只能获得 1% 的利润，是因为目前中国的投资渠道还在扩容中。身为一个普通人，除了买房和理财，你还能用积蓄干什么呢？开小店？创业？风投？入股？你会吗？或者说你擅长吗？

与其入股那些 10 个里面会死 9 个的小公司，为什么不入股超大型、有稳定盈利预期的上市公司呢？这种蓝筹白马股，每年利润增长 10% 都会被很多人视为"没有发展前途""管理层无能"，而让他们自己开公司，只要不亏，他们就觉得自己很厉害了。正因为这种投资盈利能力的缺乏，普通人身上才不存在资金腾挪这种事。

搭上经济红利的顺风车

对于普通人而言，能参与并分享中国的经济发展红利，就已经是天大的幸福了。为什么在过去的 20 年里，大家喜欢买房？因为过去的 20 年，是中国经济腾飞的 20 年，只要你参与和分享了中国经济的成果，你的收益就一定很可观。而买房，实质上就是买一份房产所在城市的股票，然后参与分享这座城市的经济发展成果。很多人其实都是为了结婚才买房的，这就导致他们的房子没法卖，只能超长时间地、以 10 年为单位地持有。最终分享到的蛋糕，自然是非常大的。

其实在过去 20 年里，股价涨幅超过房价的上市公司非常多，蓝筹白马股的股价绝大部分都跑赢了房价。之所以没有引发像房子那样的全民财富效应，是因为这些股票散户根本就不买。很多人把股市视为赌场，而不是一个投资场所。

"持有 10 年？别开玩笑了，10 天不涨我就觉得这只股票要崩了。"这就是他们不赚钱的真正原因。

投资渠道的匮乏，让资金在横盘期内原地不动成了最优的选择。如下图所示，以图中横盘期的茅台股价为例，它确实长时间处于横盘，但是最低点还是在不断地上抬。每过一个月，最低股价都会上一个小台阶，直到横盘结束，显著上涨。

虽然处于横盘期的股票上的台阶很小很小，但这对于那些搞资金腾挪的人来说却是致命的打击，因为他们在外界的收益远远比不过这个小台阶。如果某只股票在横盘期间出现了随机的、突然向上的波动，只要看到 3% 以上的阳线，对于玩资金腾挪的人来说，更是地狱般的煎熬，他们会无时无刻不质疑自己的决定是否正确，在是否应该立刻买回这个问题上犹豫不决。

图 20-1　2014 年 7 月至 2015 年 4 月贵州茅台 K 线图

你越是在乎那百分之几的收益，你就越煎熬。

但话又说回来了，很多人之所以玩资金腾挪，不就是在乎那百分之几吗？如果不在乎，干吗要这么折腾呢？所以他们注定日日夜夜都在煎熬。虽然股市整体是横盘，但具体到个股，在横盘期间究竟是先跌后涨，还是先涨后跌，是小碎步缓慢上抬，还是小碎步缓慢阴跌，然后突然一根阳线再拉起来，这些都是无迹可循、不可预测的，每一种都可能会导致资金腾挪者的心态彻底崩盘。

人一旦心态坏了，就很容易做出很多极其不理智的投资行为。这是基本的人性，高手都不能免除，更别说普通人了。多少曾经步步为营、走一步看十步的高手，在一次心态崩盘之后就变得像个赌徒一样，做出一系列不理智的事情，最后导致彻底失败。

做投资而不是做投机

投资股市和买房不一样。你只要在中国经济腾飞的时期买到合适的房产，就可以有不错的收益。这事和个人的努力没太大关系，主要和时代的命运有关系。哪怕同在中国，你能否实现资产增值，也主要取决于你是出生在北京还是鹤岗。

而股市投资是"众生平等"的，和个人的努力和能力关系非常大，命运的影响因素在股市中则被削弱得非常小。

我们普通人之所以叫普通人，那就是因为普通啊。对于我们来说，不能依靠命运，就只能依靠自己的努力。股市是我们进行财富累积的一种工具，但普通人入股市，一定要认清自己的实力，更加小心谨慎。

确定性，确定性，还是确定性。顶级高手都在追求不确定性，但这和普通人没有关系。普通人一定要追求确定性，这已经足以让你分享中国经济的发展成果，获取不亚于买房的利润了。我想，这差不多就够了。

因此，我在股市投资中，每当感觉差不多应该是横盘的时候，就会选择坚守横盘，而不是跳来跳去，因为我在追求确定性，大方向的判断绝不能错。坚守横盘，是我所有的选择里扣除风险之后综合收益最高的一个选项。

第 *21* 章

股票止损的精髓

什么是真正的止损

你也许听说过这么一句话，那就是"做交易必须学会止损"。这句话其实一点都没有错，但很多人学歪了。

有人说，买入后的股票绝对不能出现超过 10% 的亏损，否则就要立刻止损，如果不止损，那么损失会不断扩大。在亏损扩大前将其截断，以较小的损失结束交易，是保护资金最有效的办法，没有之一。

但有人说，不对，我听说的理论是亏损不能超过 20%，只有出现超过 20% 的亏损时才需要止损。这个时候还有人说，你们都不对，一个短线高手的止损线只有 3%，超过 3% 必止损。

除此之外，市面上盛行的止损线还有 5%、8%、15%，等等。这些人说得对不对？他们每一个人说得都对，但也都错。止损理论的精髓，绝不是亏了就卖，更不是讨论亏多少卖才合适。

什么叫止损？止损是一个对你自身错误的纠正行为，如果没有止损，除非你自己是永远正确的，否则，你会在股市中跌得很惨。只有市场才是永远正确的，任何人都会出错，所以任何人都必须有止损。不过止损的表现形式，对不同的人来说却不一样。

我一直强调一句话，你一定要弄懂一只股为什么涨。因为你只有弄懂了它为什么涨，才知道它将来的下跌是真跌还是假跌。弄不清楚，或者了解得不够全面，不管你在牛市赚了多少钱，将来都会吐出去。

有个常识大家必须清楚：牛市是散户亏损的主要原因。

请注意，是牛市导致散户亏损，不是熊市，我没写错。因为只有在牛市，股票暴涨之后，散户才会大批量入场。然后，就没有然后了。

止损线到底设定为多少

一只股上涨会有很多原因，不同的人对其的理解和操作都会不一样。价格投机派的止损，是符合大众常识的止损。"极端追高打板族"的止损线，确实就是3%。按照常识及理论，当股价封死在涨停板上时，次日必然是有上涨溢价的，也就是必赚。

明明是必赚的，结果却出现了3%以上的亏损，这说明什么？无论当天封板被破开没被破开，这只股都有问题。

不管是哪一种情况，对"短线打板敢死队"来说，都必须走。他们买入股票的理论根基，就是封板必涨。结果发现走势不符合自己的预期，那还不止损吗？

而所谓的 20% 的止损线，很明显是奔着"大牛熊理论"去的。这种操作方法，是"趋势交易法"，即只吃大牛市，避开大熊市。一只股出现超过 20% 的亏损时，按价格投机派的"大牛熊分舵理论"推测，这只股很可能就此入熊市走势，理应"割肉"。

类似的 5%、8%、10%、15% 的止损线，也都有各自的理论指标。

但以上种种都有一个问题，就是不适合散户。第一，散户看不清趋势和市场情绪；第二，散户没有坚定如铁的操作纪律。别人止损是截断亏损，让利润奔跑。散户止损，是截断亏损，但也没有获得利润。某只股票这一轮的上涨会涨到多高？回调大概下跌多少？本轮牛市的最终高点大概在哪儿？如果连这些最简单的问题都回答不出来，怎么敢说自己买入的点回调 ××% 就可以止损呢？

当然，"牛市不言顶"，任何妄谈高点的人都会错得一塌糊涂。我举这个例子只是想告诉大家，按照某个方法，设定百分之几作为止损点，这和牛市盲猜是一样的，结局当然也是错得一塌糊涂，最终只能反复截断自己的亏损。有人只能接受 10% 的亏损，投入 100 万，亏了 10%，果断退了出来。他以为自己是在止损，以为自己做了英明的决策。

然后呢？又觉得自己得想办法把亏的 10 万给挣回来，反正自己有止损保护嘛，一次最多亏 10%。于是，又投进去，又亏了 9 万，继续退出来。然后，又投入，又亏了 8.1 万……最后算一算，还不如一直抱着最开始的那只股不动，好像亏得还更少些。

最后这个人觉悟了，准备死拿一只股不动，打持久战。

结果一把亏了 90%，最后甚至退市了。

如果你的水平在当前的市场里属于赚不到钱的级别，那么多交易几次，只会让你亏得更多。止损不可能保护你，只会让你多体验几种亏损模式。哪怕你中间偶尔赚到了一点小钱，也会迅速地亏掉。

价值投资派的止损方法

理论上，价值投资派是没有止损操作的。因为价值投资派强调在股票的价格低于本身价值的时候买入，在高于本身价值的时候卖出。既然如此，谈何止损。与"止损派"的做法刚好相反，如果价值投资派买入某只股票后发现它的股价下跌，他们往往会不断加仓，并长期死扛，绝不是止损卖出。

价值投资派只会在一种情况下卖出所持股票，那就是股价暴涨远超本身价值的时候。股价越跌，价值投资派应该越买。没道理一个东西贵的时候你愿意买入，便宜的时候你反而不愿意买了吧？如果你觉得这只股票可能需要止损，那你为什么不在最开始的时候放弃买入，等它便宜的时候再买呢？巴菲特说了，如果一只股票你不想持有10年，那你连一分钟都不应该持有。

很多基金经理，在2015年牛市的时候，按这个理论买入了很多股票，准备持有10年。当股灾降临的时候，他们反复检查了上市公司的基本面，发现业绩没有出现变化。既然基本面没变，那自然越跌越买。没想到的是，这群人也"凉"了。

纯粹的价值投资理论是否适合美国我不知道，但肯定不适合中国。想在中国股市愉快地玩耍，你就必须精通这互相矛盾但又互相统一的两大理论。既会投资，也懂投机。融会贯通后，掌握"空杯思维"，也就是没有理论，做到无我，一切跟随市场。

真正的止损，到底怎么做

止损是交易的精髓，是任何交易者都必须学会的。但我对止损的理解，是要先搞清楚自己为什么要买入一只股票，理论的来源是巴菲特，但不一定非要像他说的那样持有10年。你可以依据投机派的理论买入，也可以将"短线打板敢死队"的逻辑当作是买入的理论支撑。然后，你要时刻观察你的这个支撑还在不在。

如果你按照"短线打板敢死队"的逻辑买入股票，那么股价就必须涨。因为股价只要跌一点点，你的买入逻辑就消失了。当你买入某只股票的理论支持消失，你自然应该卖出。如果你的买入逻辑是巴菲特的那一套——长期持有就是为了吃分红并分享公司的成长——那么只要分红率合适，公司一直在成长，你就不应该卖出。反之，只要分红率低到了你无法容忍的地步，或者公司失去了你预期中的成长性，那你需要将其卖出了。

这就是为什么我们在买入一只股之前，必须搞清楚自己买入的原因的重要性。不清楚自己为什么要买，那自然也只会糊里糊涂地卖。

我熟悉的股票很少，一开始还有20只，后来只有10只，再后来只剩几只。因为我只有一个人，没有大量的研究员帮我搜集资料，能用平时的精力关注几只就已经很不错了。

对于关注的每一只股票，你都必须弄清楚，哪怕花几个月时间。不弄清楚，你就完全不知道该怎么操作。是跌 3% 就止损？还是跌 10% 就止损？或者跌 20% 就止损？……按这种原则来操作宝贵的资金，你不觉得是个笑话吗？赚钱的秘诀，绝不可能这么简单粗暴。

新手应当学会持盈

新手最应该学什么？按我的经验，新手不应该学止损，而应该学持盈，这是由人性的弱点决定的。

因为人性的弱点，在于极度地憎恶损失，但对盈利不敏感。不卖，得到的就是浮亏。卖了，得到的就是实亏。大部分人可以接受不赚钱，但不能接受任何亏损，所以很多新手会尽可能地卖掉盈利的股票，去补仓亏损的股票。只有被折磨到绝望的时候，他们才会顶着巨额亏损卖出。

这个时候的新股民会走上两条路：

第一条路是伤心透顶，然后彻底退出股市。

第二条路是自我进化，找几本书，学会了一个叫"止损"的词，成为一名"半桶水"。

走上第一条路的股民，会大骂 A 股不靠谱。

走上第二条路的股民，在频繁止损之后，顶着无数的亏损，再次绝望。然后，很多"半桶水"决定不止损了，开始死扛。

新股民只要步入歧途，最终结果往往是十不存一，会不会止损都是死伤惨重。最好的办法，就是一开始别走上这条路，也就是在最开始的时候就要学会持有盈利。拿到了拼命赚钱的股票，要耐心地持有，也许一只股的盈利就足以对冲 10 只股的亏损。如果你还会不断地给这只赚钱的股票加仓，那就更好了。

还有一个办法，就是把那些下跌补仓的股民当成反面教材，把他们的投资方法倒过来，当成"发财秘诀"。

当然，这一切都只适合价值投资领域。如果在价格投机领域使用上涨加仓这一套，还是会亏得很惨。

股票投资的实操指南

知晓以上所有道理后，我们可以总结出一个真正的止损办法，或者说是炒股办法。

第一步：选白马蓝筹股

选取处于价值投资领域的股票：分红要好，业绩要棒，估值较低，历史增长要很稳定，至少 5 年以上的知名蓝筹白马股票。然后，买一点点仓位，做个测试。

如果一切正常，那么明年的这个时候，你会在它身上赚到至少

8% ∽ 10% 的盈利，说不定还能看到 2% ∽ 3% 的现金分红。这个测试阶段，是不存在止损一说的，是完全按巴菲特的理论来的。你在买入的时候，就已经确认了这是一家分红很好、业绩很棒、估值较低、历史增长稳定的公司，你是打算持有 10 年的。

第二步：控制自己的仓位

记住，对于这只蓝筹白马股，你持有的仓位只是"测试仓"，仓位很轻，只有你的总仓位的 1/10 甚至 1/20。"测试仓"的股票暂时是不需要止损的，即使亏也不会亏到哪儿去，且亏多少都早晚会回来。

第三步：按节奏升级"测试仓"，把握市场情绪，警惕泡沫

当你发现你进行测试的白马股里，有几个涨得特别好时，加仓就可以了。强者恒强，只要股票的价格涨势尚属于业绩可以理解的价格区间内，涨得越猛，仓位应该越重。但是当股票的价格超过业绩可以理解的价格区间，就意味着这几只股票进入了"泡沫投机"阶段。这个阶段，是有止损的。确切地说是止盈，因为你的底仓非常低，永远不会高位建仓。

按照巴菲特的理论，你在这阶段就该止盈了，完全不应该参与。但中国股市的投机风气比较严重，股市里赚钱的速度太快，往往让人迷醉。一家白马公司的业绩，一年下来增长 15% 是很难的，年均 10% 才是正常的预期。但泡沫阶段的股价，一年增长 100% 也很常见，远超业绩增速，在这个阶段放弃有点可惜。

所以，我们也有必要参与泡沫阶段，但绝不能按巴菲特的那一套来持有。此时的止盈，可以依据止损逻辑来，但并不是机械地按照预

先设定的百分之几来定，而是按市场情绪来定。你都说了，这里是泡沫。既然是泡沫，那市场的情绪一定是狂热的。只要情绪在，大家都相信这家公司很牛，那股价就一定会涨。

知道"妖股"为什么要编故事吗？不编故事，不把公司的前景描述得非常好，市场的情绪怎么狂热呢？白马股很难狂热，但对狂热起来的白马股的处理办法也是一样的。市场情绪只要冷却，那就走，反之就不走，绝不能机械地看止损线。这就是我的办法，也是我的止损原则。

对于招商银行、中国平安等处于价值投资领域的股票，此阶段奉行试验仓，绝不止损，谁涨买谁，这就是最大概率的盈利办法。

对于处于价格投机领域的股票，此阶段奉行的原则，就是必须止损，且择机止损，万一股票逆势了你却没有止损，损失之大估计能让你痛入骨髓。

不要觉得上述操作复杂，我说的方法已经很简单、很粗暴了，实际操作更是千变万化，我们都应该学会顺势而为。

总结一下：一名合格的投资者，一是要怀有"空杯心态"，不要被各种投机理论困住，机械地给自己设置止损线；二是对新入手的股票，只能加入"测试仓"，少量持有；三是要秉持"测试仓"升级原则，对于涨势好、业绩好的股票，有节奏地进行加仓；四是要把握市场情绪，灵活止损。

最后，告诉大家一个公认的事实，也是一个慎重的提醒：在"投资阶段"的股票投资，是你好、我好、大家好，谁都不会亏钱。像巴菲特那样持有，想亏钱比登天还难。只要合理分配仓位比例，做好"测试仓"的不断升级，你的盈利会来得很舒服而且还不少，所以这类投资方法最适合新手。

而在"泡沫阶段"的股票投资是零和博弈，赚钱最快，风险也最大。最终只有少数人能走出修罗场，带走其他所有人的财富。

总之，炒股就是炒概率，投资是一门艺术，和战争一样的艺术。

第 22 章

利用信息资源，判断牛熊大势

学会判定大势是股票投资的根本

我在前文提到过"趋势交易法"。我们都知道，趋势交易法是非常依赖牛市与熊市的，它是诸多股市交易手法里最简单的一种，但是它有一个重大的弊端——只能在牛市和熊市里使用。

如果股市是一个不死不活，非牛非熊的市场，这个方法可能会完全失效。虽然在非牛非熊的横盘市，你可能不会赔什么钱，但是持续不断地反向操作，会让你无法坚持下去，最终很有可能会在牛市来临之前退出交易市场，错过机会。所以，如果我们能提前判断出牛市或者熊市，再结合趋势交易法，就能够总结出适合自己且简单粗暴的交易盈利模式，也就是我们的交易体系。

这话说起来当然没错，但是牛市和熊市的判定历来是股市上最难的事情，如果我能提前判定牛市，我直接就满仓进去了；如果我能提前判定熊市，也可以直接空仓逃跑。换句话说，只要能判断牛熊，哪怕我什么交易办法都没有，也能大赚特赚。

券商研报里有一句话是永远正确的，那就是建议逢低买入，逢高卖出。但是话又说回来了，我们要是知道何为股市的低位，何为股市的高位，还用看年报吗？如果我们把高低位都清晰准确地判断出来了，那么想怎么挣钱都可以。如果高低位都判断不出来，我们还能判断出牛熊大市吗？绝大部分人都做不到。所以，懂牛市和熊市的判断办法是以上问题的根本所在。

在中国股市，如何判断牛熊大市呢？有没有什么技术可以帮助我们对牛熊大市进行预测呢？答案很明显是没有的。我们可以尝试以政策面为主，技术面为辅，来进行股市牛熊的预测，这个道理也可以应用到任何以经济政策为主导的中国市场上。

我们都知道，在中国，股市并不是经济的"晴雨表"，政策对股市的影响远大于经济对股市的影响。所以我们会发现一个很神奇的现象：中国经济好的时候，股市很有可能是萎靡不振的；中国经济趋稳的时候，反而会时不时地冒出一场牛市。股市是不是完全听从政策的号令？那也未必。因为市场就像一只狂奔的野兽，政策不可能牵着它走。

我们应该怎么来观察规律、预测股市的变化呢？这里先给大家介绍一个重要的观测工具，那就是权威媒体。

权威媒体是非常重要的观测工具，它里面的每一篇报道，其实都不是小编的意思，也不是主编的意思，而是国家层面的意思。

很多人觉得看这些媒体的报道离自己太远，但它的报道中有大量的关键信息。比如《人民日报》提及股市的次数其实就不少。其中股市直接上《人民日报》头版这种事情，自股市开设以来的30年里发生的次数屈指可数。

我给大家举个例子，股市第一次登上《人民日报》就是以头版头条的形式——1996年12月16日，《人民日报》头版以本报特约评论员的名义，发布了一篇名为《正确认识当前股票市场》的文章，称股市最近一个时期的暴涨是不正常和非理性的。这篇文章的意图很明确，就是给过热的股市降温。它的降温效果十分显著：这篇文章发出来的第二天，股市直接跌停，第三天又是跌停，大盘连吃了两个跌停。

而在这篇文章发布之前，股市从1996年1月19日的512点，涨到了1996年12月11日的将近1258点，已经涨了一倍多，可谓"疯牛"。这篇文章出来之后，股市连吃了两个跌停，大盘遭到重击之

后，横盘调整一段时间。之后由于之前"疯牛"的惯性，股市再度拉升了一点，大概到了1500点，再之后，这一波大牛市回落见底，这就是"疯牛"。这一次冲顶和回落后，股市就再也没有新资金入场了。

接下来，股市总共有两三年处于不涨不跌的状态。

股市涨得太疯、失控了当然不好，但一味地横盘，也不好。于是在1999年的5月19日，一股资金突然冲进了股市，从1047点开始拉入了连续阳线上涨，一波直线上的K线出现了（如下图所示）。

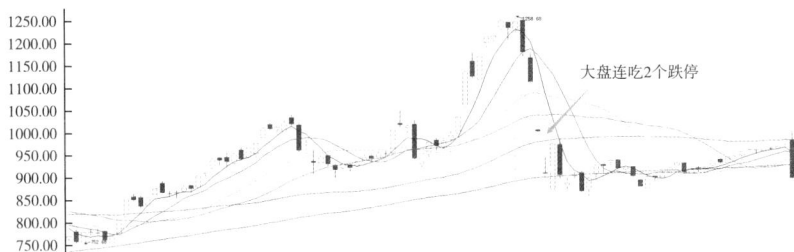

图 22-1

1999年6月15日，《人民日报》以特约评论员的名义在头版头条发布了一篇文章，叫作《坚定信心，规范发展》。给5月19日启动的行情定性为"调整两年之久的中国股市开始出现较大上升的行情"，这反映了宏观经济的发展的实际情况和市场运行的内在要求，是正常的恢复性上升。

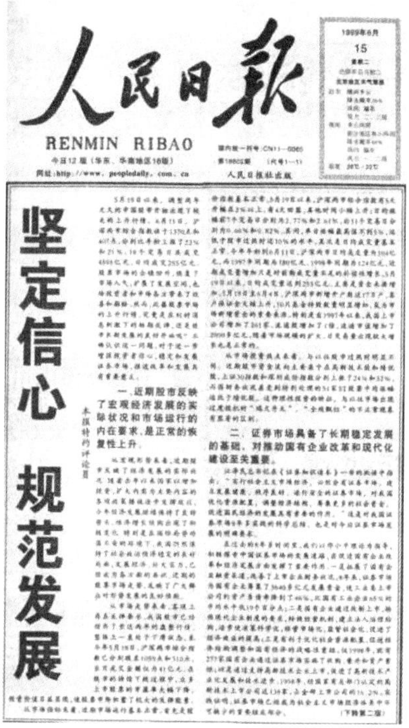

这篇文章一出来，股市立马就持续暴涨。它维持了两年之久的上升行情，最终翻倍达到了2200多点。这是上证指数第一次越过2000点，是一场跨世纪的牛市行情，最终目标就是指数翻倍。

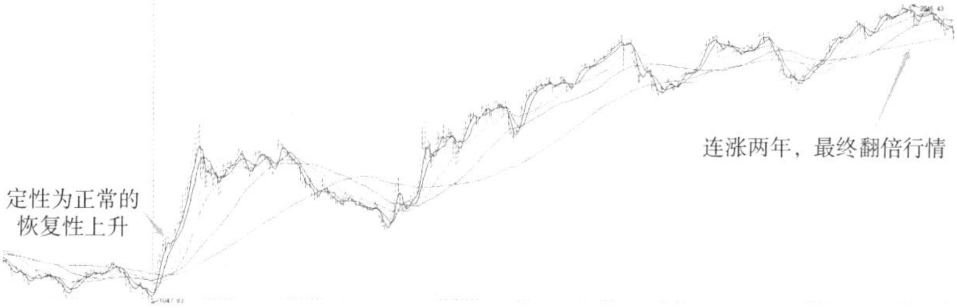

定性为正常的
恢复性上升

连涨两年，最终翻倍行情

图 22-2

《人民日报》的头版第三次谈股市是在2009年的6月9日。《我国资本市场活力再现》，这是它的标题。这篇文章虽然也发布在头版，但是只占据了很小的篇幅，所以这次报道给股市带来的影响效果很弱（如下图所示）。2009年6月9日，股市收盘是2700多点。随后又涨了两个月，涨到了3400点。虽然给了"资本市场活力再现"的评价，但是很明显，官方并没有想拉动一场大牛市。

2018年8月2日，《人民日报》以本报评论员的名义，再次在头版发布了一篇叫作《坚定信心，保持经济稳中向好态势》的股评。文章中认为中国的资本市场的运行稳健，基础在不断巩固，市场风险总体可控，长期发展前景值得期待。这一次的文章，说明国家已经开始重视资本市场了，有开始呵护股市的征兆了。

又如，2002年12月14日，《人民日报》海外版的第7版刊登《中国股市将迎来大牛市》，见报后第一个交易日，股市就止住了连日的跌

势，然后持续反弹，在 2003 年 4 月 16 日最高上涨到 1649 点。

2007 年 4 月 17 日，《人民日报》海外版的头版刊登了一篇名为《中国股市还能涨多高？》的文章，随后股市继续上涨。

媒体不能直接干涉股市，但它们的态度——无论是不闻不问还是频频发声，都会给股市带来影响。

看懂新闻的方法

怎样正确地判断新闻呢？

关于股市的各种新闻铺天盖地，我们该如何甄别呢？

首先，新闻是不会看空股市的，没有哪家媒体会轻易地看空国内的任何市场，哪怕泡沫大到天都不会。所以如果新闻真的看空了股市，股市势必会跌，而且是大跌特跌。换成楼市其实也一样，如果权威媒体的头版头条发布一篇文章说中国楼市泡沫过大，中国的房价可能很快就会止涨。

在权威媒体发布报道时，我们要看这篇报道的倡议和导向是什么。不同的篇幅和发布的位置，代表了媒体重视的力度大小。同时我们还要注意发布的频率，如果权威媒体频繁发声，那我们就一定不能忽视它的观点。

在以政策面为主的同时，我们还要以技术面为辅。什么叫以技术面为辅呢？

权威媒体密切发声关注资本市场的时候，我们要密切关注股市的反应。这个时候，如果股市突然上涨形成均线，多头发散，我们就要高度警惕了，这很有可能就是一次成功的"人造市"。历史上成功的"人造市"，持续的时间都不会太短。

另外技术面为辅，还有一个重大的作用：我们可以通过官方的新闻，推测什么时候该入场。但对于什么时候该离场，我们往往很难听到确切的声音。那我们怎么办呢？这时就要看技术面了。如果在政策鼓励的情况下股市还有下行，那么我们就该谨慎投资。

如果半年甚至一年都没有看到权威媒体提及股市，股市这段时间就不可能是牛市——要么是熊市，要么是横盘式的，其实都不适合我们参与。

所谓的"趋势交易"，在牛熊之间的时候，只能规避下跌，不太可能让我们赚钱。只有当股市处于牛市或者熊市的时候，趋势交易法才有效。也就是说，趋势交易法不适合在横盘状态时使用。

市场真的需要牛市吗

既然趋势交易法只适用于牛市和熊市，那么股市横盘时应该怎么赚钱呢？其实也是有办法的，就是需要我们多费心，而且收益相对来说也会较少。我们都希望市场一直是牛市，但这当然不可能。

那么，为什么很多时候媒体会给股市造势呢？国家的经济发展需要牛市吗？这一点值得思考，对任何一个国家来说，真正需要的，是股市的融资功能。

通过股市的融资，企业可以更方便地筹集资金，而且没有负债的危险。企业筹集到了资金，经济的发展就具有了活力，所以国家希望拥有一个融资活跃的市场，至于这个市场是牛还是熊，其实关系并不大。但是出于规避风险的角度考虑，如果不影响融资功能，股市不一定要那么高。

　　不过，如果股市一直很低，总是亏钱，股民们就不会投资了。如果大部分股民都放弃投资股票，股市就没有交易量了，没有交易量，意味着市场的资金过少，企业的融资功能下降，那么经济发展就会缺乏活力。

　　也就是说，股票如果涨得太高，融资的风险就会增高，但是股市不涨，就没有新资金入场，股市就会死气沉沉，失去融资的功能。所以，股市的涨跌是需要达到平衡的。如同楼市一样，如果不是因为房价不断地上涨，会有这么多人去买房吗？如果没有人买房，那些新房子都卖给谁了？但如果房价太高，大家又买不起了。

　　股市的融资功能也是很强大的。很多人以为所谓的股市融资，就是新股上市 IPO 招股，实际上远远不止。中国股市定向增发，每年融资的钱都是万亿级别的。而新股上市时，虽然只有几千亿，但其中只有 10% 的股票是可以交易的，股东的股票大都处于冻结状态。这些资金会慢慢地从股市里套现，但时间比较缓慢。总之，股票市场每年的融资金额是极大的。

　　拉动牛市，是为了更好地促进融资，吸引新增资金进入市场，增加股市的融资能力和融资效率。一个连"独角兽基金"都募集不满的股市，人们可能妄图去发科创版吗？钱会从天上掉下来吗？只有交易量上去了，这个股票市场才会活跃，股民才会对它有信心。拉动牛市的目的，不是看股市能涨多高，而是活跃交易量，增大融资量，促进企业的经济发展。

当你能够从宏观层面利用好这些知识，就可以轻易地判断牛市、熊市和横盘时该如何灵活应对了。叠加之前所讲述的交易办法，基本上一个简单粗暴、适合新股的交易体系就已经成型了。这个体系非常简单，新手很容易就能掌握，但是它也是正儿八经的炒股体系。你的交易体系会逐渐丰富，最终完美地成型，可以独立思考和判断诸多复杂的局面及其形势。

择时决策的重要性

首先说一下什么叫择时，择时的含义很简单，就是选择合适的时机进行操作，也就是在大势上涨的时候加大投资，在大势下跌的时候减少投资，这样能够大幅度地扩大股市的盈利，并且降低操作的难度。

择时分为大势和小势，熟练且冷静地分清市场氛围能够对我们的投资判断有极大的帮助，很多人狭义地认为，2006 年大牛市和 2014 年大牛市就是所谓的大势看好，是这样吗？

其实并不是。在我的分类里，这两个耳熟能详的大牛市只能算是小势看好，那么什么是大势呢？从 1990 年股市创立到 2001 年，大盘从 100 点上涨到了 2000 点，大盘在 10 年间上涨 20 倍意味着什么呢？意味着很多个股的涨幅能达到 40 ～ 60 倍（图 22-3）。

图 22-3 2000 年 11 月至 2001 年 4 月 上证指数趋势图

如果 2014 年的大牛市有同等涨幅的话，应该从 2014 年涨到 2024 年，从 2000 点涨到 40000 点（图 22-4）。

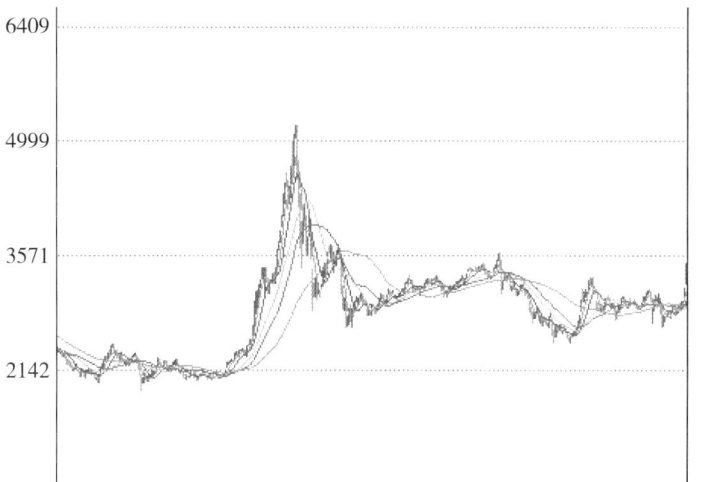

图 22-4 2012 年 6 月至 2020 年 7 月上证指数趋势图

这种狂暴的，10年20倍的涨幅才是真正的大牛市，那个时候，炒股就是财富的代名词。

1989年到1999年，中国的房价十年如一日，结合那段时间超高的存贷款利率，我们可以认为，那10年买房的人并没有获利（表22-1）。

表22-1　1980—2002年中国人民银行公布居民储蓄利率表

变动时间	活期	3月期	6月期	1年期	2年期	3年期	5年期	8年期
1980年4月1日	2.16		4.32	5.76		6.84	7.92	9.00
1982年4月1日	2.88		4.32	6.84		7.92	8.28	9.00
1985年4月1日	2.88		5.40	6.84		7.92	8.28	9.00
1985年8月1日	2.88		6.12	7.20		8.28	9.36	10.44
1988年9月1日	2.88		6.48	8.64	9.18	9.72	10.80	12.42
1989年2月1日	2.88	7.56	9.00	11.34	12.24	13.14	14.94	17.64
1990年4月15日	2.88	6.30	7.74	10.08	10.98	11.88	13.68	16.20
1990年8月21日	2.16	4.32	6.48	8.64	9.36	10.08	11.52	13.68
1991年4月21日	1.80	3.24	5.40	7.56	7.92	8.28	9.00	10.08
1993年5月15日	2.16	4.86	7.20	9.18	9.90	10.80	12.06	14.58
1993年7月11日	3.15	6.66	9.00	10.98	11.7	12.24	13.86	17.10
1996年5月1日	2.97	4.86	7.20	9.18	9.90	10.80	12.06	
1996年8月23日	1.98	3.33	5.40	7.47	7.92	8.28	9.00	
1997年10月23日	1.71	2.88	4.14	5.67	5.94	6.21	6.66	
1998年3月25日	1.71	2.88	4.14	5.22	5.58	6.21	6.66	
1998年7月1日	1.44	2.79	3.96	4.77	4.86	4.95	5.22	
1998年12月7日	1.44	2.79	3.33	3.78	3.96	4.14	4.50	
1999年6月10日	0.99	1.98	2.16	2.25	2.43	2.70	2.88	
2002年2月21日	0.72	1.71	1.89	1.98	2.25	2.52	2.79	

我们可以看到，1989年，银行5年期定存的利率是14.94%一年，而房价的涨幅几乎是0，把钱存银行定期的收益完美碾轧买房。那个阶段，只有炒股才能跑赢银行存款，资金疯狂涌入股市，10年20倍的神

话诞生了。

而从 1999 年前后开始，股市泡沫越来越大，房地产开始慢慢抬头，成为国家扶持的核心产业。从 1999 年到 2018 年，房地产步入大牛市，19 年的时间，涨幅大概也是 20 倍，而同比可见，2001 年股市的上证指数是 2000 点，2014 年的时候，居然还是 2000 点，和 1989 年到 1999 年房地产的待遇一样。

所以，从大宏观角度来说，1990 年之后的 10 年里，股市处于大牛市，而 2001 年之后股市一直处于熊市，和楼市恰好相反。所以在家庭资产配置里，20 世纪 90 年代炒股，2000 年之后买房的人实现了爆发式的财富增长，90 年代买房、2000 年之后炒股的人亏得眼泪汪汪。

依然是从大宏观角度，我国在 2014 年主导了一轮杠杆牛，决心推行注册制。根据房地产自 2010 年被强力压制，至 2014 年已经 5 年未涨的情况分析，利用注册制＋股市，大牛市能够给我们的经济进行输血，而不是单纯依赖房地产。

这也可以解释，为何杠杆断裂股灾之后，有关部门一方面入场救市，另一方面在股灾 2.0 发生，救市有难度后，于 2015 年年底重启了地产牛市。

通过对股市的历史大趋势的分析，我们可以得出结论，只要我国的经济有稍微能摆脱房地产造血的征兆，就极有可能开启一轮楼市和股市的牛熊循环。只要注册制和退市制度没有完全落地，那么 A 股在实际上无法彻底同楼市抗衡。

我国的房价在 2015 年年底开始一波翻倍暴涨之后，为什么会至少维持 3 年以上的横盘？因为楼市的泡沫需要被消化。

这里是我阐述的大势，在这个大势里，20 世纪 90 年代重仓炒股，21 世纪关注地产才是顺势而为。如果你跟对了大势，那你的人生走的就是游戏的简单模式；如果跟错了大势，你选择的就是地狱难度的游戏模式。

那么什么叫小势呢？在2001年到2018年的股市大周期熊市里，还存在着两个牛市，那就是2006年的大牛市和2014年的大牛市。2005年的股指是1000点，2007年到达巅峰，为6000点，指数涨幅为6倍。

虽然大周期是熊市，但是这种涨幅显然不应该被错过，2014年指数是2000点，2015年是5000点，涨幅2.5倍，那个时候喊万点也不是一个可笑的口号，所以这个时期显然也是不能被错过的，应该"重仓杀入"。

而对于楼市来说，1989年到1999年是大面积的横盘，虽然1991—1993年的时候海南楼市曾出现过4倍的涨幅，堪比一轮股市牛，但是后面也难以为继。

这就说明在大周期熊市的时候，小势依然可能走牛，而且这个牛市的涨幅相当可观，但是受制于大周期为熊，所以最后都要归于尘土。不过出于择时原则，这个涨幅不能错过。

总结一下：择时的原则就是，当趋势为牛的时候，我们重仓；趋势为熊的时候，我们轻仓。而对于熊市阶段，不能重仓，但也绝对不能空仓，因为如果空仓太久，你就会疏远市场，最后遗忘市场，然后错过牛市。只有始终持有轻仓，感知市场，在牛市赚钱效应出来的时候，你才能果断地调入资金加仓。

第 *23* 章

看懂房地产经济链，预判房价

发展经济的关键，是维持社会生产秩序

我们都知道，中国的房价 20 年来一直是单边上涨的走势，国家对于房价上涨的情况，最严厉的调控，是把坚决遏制部分城市房价过快上涨，改成了坚决遏制房价上涨。国家禁止炒房，但从来没有鼓励过房价下跌。为什么呢？

很多人认为只要房价高，地价就卖得高，交易税费也高，所以政策才鼓励房价不断上涨。如果你从这个角度去看待问题，就看得太浅显了；如果你以这个思路去推测，一定会判断失误。

很多人认为地方政府进行土地拍卖就是为了赚钱，这句话对也不对。首先，对于地方政府来说，土地出让确实可以增加地方的财政收益。但对于国家而言，货币只是一个数字而已，国家不会利用土地去

挣钱，因为这没有意义。

国家更看重的是社会秩序的建立。什么叫社会秩序？更明确地说，应该叫社会生产秩序。我们都知道，社会需要企业家，也需要普通工人。工人负责具体的生产过程，企业家负责组织生产及销售。如果企业家不断地把自己的资产拿出来，追加投资、扩大生产，招募更多的工人，采购更多的机器，那么社会的总生产能力就会源源不断地提高。

在和平时期，不断增强的生产力可以促进经济发展，提高人民的生活水平；一旦碰到战争时期，这些积累的资源也可以帮助我们抵御风险，国家可以调动的生产能力和资源储备会多很多。在这种状态下，国力是非常强盛的，我们可以把自己的生产潜力和战争潜力发挥到极致。

GDP 对我们有多重要

为什么世界各地统一以 GDP 作为给国家的实力排序的标准，而不是以银行存款呢？因为对一个国家而言，以前的积蓄只能说明过去的辉煌，不管存的是本国货币，还是美元，或者是黄金，都不能代表这个国家的生产能力和战争动员能力。比如说一个科学技术发展落后的国家，连成熟的厂房机器设备都没有，就算拥有 1 万亿美元，到了战争时期，这些钱能换来武器装备和粮食吗？军事力量从何而来呢？

所以说，我们一般以 GDP，即社会生产总值，来反映一个国家或者一个地方某一时期的综合经济能力，尤其是战争动员能力。

对于国家而言，有多少货币并不是最重要的，抵抗战争风险的能力才是最重要的，而社会生产总值能够直观地反映出这个能力。每个国家或地区都这么重视 GDP，并不是说 GDP 真的就代表着国家或地区多么有钱。从国家的角度去看，它希望所有的工人都在努力干活，所有的企业家都追赶投资，这样国家的 GDP 才会节节增长，而实力才会越来越强。

理论上说很简单，工人怎么可能会不干活？天生懒惰的人，毕竟是极少数。企业家怎么可能会不投资？不投资他们怎么发展业务，怎么养活员工？他们当初拼命创业是为了什么呢？

听起来，努力工作、积极投资很自然的事情，但是社会是很复杂的，实际运行起来，很可能就不是我们预期的样子了。

因为整个经济体系的运转、资本的运转，都是需要利润去驱动的，资本天然追逐利润。举个例子，假设银行理财的收益是 4%，企业生产的投资收益也是 4%。如果你是一名企业家，就需要思考了：冒着破产的风险，每天劳心劳力，如果开公司获得的收益和购买银行理财产品是差不多的，自己为什么还要这么努力地开公司呢？还不如把企业卖了，直接购买银行理财产品算了，不仅本金安全，自己还能卸下重担去游山玩水，何必瞎折腾？如果你真的这么想，那么你的企业迟早会关门，不是因为亏钱了，而是因为你不想干了。

所以，企业存活的关键是利润，不是企业家的情怀。如果企业的利润低于银行贷款利率，企业家的新增投资就会萎缩。如果低于银行理财利率，企业的新增投资者就会减少，企业甚至会缩减生产规模。永远记住，资本是靠利润驱动的，在上述情况中，这个规则被展现得淋漓尽致。

但是有个问题来了：让企业一直获得利润，这是不可能的事情。

马克思曾经也给我们进行了详细解释，假设商品的总销售额为企业家的全部收入，企业家把他的商品售出之后，需要用获得的收入支付原料费用、人工费用、机器的采购费用、货物运费等一系列的开支。当然，机器、运费、原料其实也可以折算为其他企业的工人的收入。

总的来说，我们可以简单地认为，企业家把生产的商品卖出，扣掉工人的收入和必要成本之后，其中的差值就是利润，马克思把这个利润称为"剥削的收入"。现实中，企业家如果要求获得回报，他售卖商品获得的收入就一定要高于工人的总收入，而且总数的差值，要高于银行存款利率。否则，他为什么要经营企业呢？企业是追逐利益的。

经济危机是如何产生的

企业家靠销售商品获得的收益给工人发工资，而他付给工人的工资和销售商品的总收入之间是存在差值的，即商品的销售额要远高于工人的收入。这里就会出现一个不可调和的矛盾：长期来看，工人是买不起企业的商品的，因为社会上所有工人的总工资，比所有商品的总售价要低。一旦工人买不起企业家的商品了，企业家就会缩减投资，开除工人。开除工人之后，整个社会上总体工人的收入就会很明显地下降。对于整个社会而言，商品就更难卖出去了。最后导致工厂破产、工人失业，这就是马克思所称的经济危机。

在经济危机下，我们发现一个非常奇葩的现象：工人没活干，一身力气没地方使，只能整天在家里闲着。工人的生存陷入了危机，他们需要各种各样的物资，但是生产这些物资的工厂却处在停工状态，它们也不会去招工人，工厂的商品又卖不出去，只能被迫关门。

明明工人很需要商品，工厂的商品却卖不出去；明明工人很愿意通过干活制造商品，但是整个社会的生产秩序瘫痪了，没有人组织这些工人去生产。人人喊饿却无人干活，这就是在经济危机下的诡异现象。

那么很明显，在这种状态下，社会资源是存在很大的浪费的，而整个国家的经济实力也会被大大削减。经济危机的状态是很不正常的，那是所有的国家要竭力避免的。然而，在货币总量基本固定的前提下，经济危机是不可避免的情况。在金本位制度废除之前，经济危机是无解的，而且是必然出现的。

这一点不仅被马克思证明了，也被各种古典西方经济学证明了。

但是在金本位制度废除之后，也就是 20 世纪 80 年代左右，世界经济就走入了货币通胀的时代，追求温和通胀成了每个国家执政者的目标。这个逻辑也很简单，假设政府利用货币温和通胀，让社会上的各项物资一直涨价的话，投资就会始终有收益。在以这个利润为诱饵，促使企业家不断追加投资，来保证工人有活干的逻辑下，整个国家或地区的经济就会井然有序，国家或地区就可以发挥出最大的实力。

温和通胀的必要性

听起来有点难以理解，下面举个例子给大家解释一下温和通胀的重要性，以帮助大家理解。

以某富豪为例。假设富豪 A 的身价在 2000 亿人民币左右，他在企业的生产经营活动中获得了大量的利润。如果像这样的超级富豪都把利润存到银行里变为储蓄，而不是用来消费或投资，那么整个社会的资金就会出现巨大的缺口，进而引发经济危机。但是我们会发现，很多富豪虽然身价很高，看起来很有钱，手中的现金储蓄却非常少，因为他们的绝大部分资金都被拿去继续投资了，消费在他们的资产花销中不会占多少比例。

如果你去问一下富豪 A 有多少身家，他会告诉你他有 2000 亿。你再去问一下他手里有多少现金，他很可能会告诉你，他手里只有几十亿，占据不了总资产的 1%。那么，其余 99% 的钱去哪儿了？他会告诉你，他用来投资了，那些钱以其他公司的股份或者债权的形式存在。

为什么会这么做？他会告诉你他是一个天生的企业家，投资的收益要高出银行利率太多了。

站在他的角度去考虑，他是在不断地投资，不断地追逐利润，不断地赚钱。但是你如果从整个社会的高度去看，他把他赚到的 2000 亿都继续投资了，重新变成了各个公司员工的收入，他实际拿走的利润只有几十亿，而不是几千亿。

几乎所有的富豪都是这样的情况，他们看起来的确很有钱，但是他们的钱都是以固定资产的形式保存下来的。他们源源不断地赚钱，源源不断地投资，手里留存的现金只占他们总资产的极少一部分。只要这些富豪不把现金换成外汇，不断地把财富拿出来投资，他们的资产都会在社会上发挥巨大的价值。

在这种操作模式下，富豪们很满意，他们在不断地投资赚钱；工人们也很满意，他们不断地努力工作，获得了工资，然后他们利用这些工资买到了大量喜欢的商品。整个国家的社会生产秩序和生产效率都达到最优化，整个国家的实力时刻保持在巅峰。整个社会最完美的状态就是，工人和企业主都在努力地生产，而工人尽可能地将工资用来消费，企业把所有的利润拿出来投资，而且这一切都是他们自愿的。

所有人都很满意，所有人都在努力工作，也许所有人手里都没有存下多少钱，但整个社会都在良性运转。整个社会的物资极其丰富，钱只是国家拿出来调节社会生产秩序的一个工具和媒介而已。国家要的不是钱，而是物资和整个社会的生产力，这就是通货膨胀的魅力。

通货膨胀调动了所有人的生产积极性，所以现代化国家很害怕通货紧缩，但是并不排斥通货膨胀。温和通胀对国家是很有益处的，它绝对不仅仅是收铸币税剥削穷人。很多人认为，国家维持通货膨胀是为了收铸币税剥削穷人，这是错的。任何国家这么做，都是从调动社会生产积极性的角度去考虑的，如果国家仅仅要收税，那方法太多了，何必这么麻烦呢？

房地产的经济枢纽作用

说这些就是为了告诉大家，从宏观角度去看事情，钱是没有意义的，维持整个社会的生产秩序才是有意义的。只要能利用种种的手段调动所有的人干活，那么整个社会的总体财富一定是在逐年增长的，整个社会的运转规则是这样的，房地产市场的运转规则也是这样的，在任何国家和地区，房地产行业都是整个国民经济的定海神针。

对于将热爱土地刻进基因里的民族，我们更是如此。

房地产行业其实还有一个非常重要的功能，那就是它能让工人将工资都用于消费。上文提过，要维持整个国家的经济体始终处于最优状态，我们必须让企业主拿出所有的利润去投资，也必须鼓励所有的工人拿出工资去消费。

我们可以通过温和通胀，给投资以利润，但是要让工人的工资拿出来消费，那就比较困难了，尤其很多人天生喜欢储蓄，哪怕货币不断地通胀，他们也不愿意拿出钱来消费。房地产行业则让工人心甘情愿地把工资拿出来消费这件事成了现实。

这个功能是很独一无二的，也是经济体进行良性运转必不可少的一个功能。离开了房地产行业的这个功能，经济循环就会处于不完美的状态，除非出现另外一个行业，也能让工人们愿意拿出大部分的工资消费。

很多人说买房子不是消费，其实不是这样的。房地产只是资金的一个"中转渠道"，你在购房时拿出来的钱，会被房地产企业拿去投资，或作为自己企业的员工的工资，以及钢筋、水泥、运输等行业的其他人的工资，最终这些钱会转化成所有人的工资。也就是说，在大的经济闭环里，买房实际上就是在消费。

如何维持房地产经济的秩序

房地产行业不仅经济体量很大，而且养活了很多从业人员，中国房地产的 GDP 甚至比很多小国的全国总 GDP 还要高，所以中国房地产本身的行业生产秩序一旦动摇，就会影响很多人的饭碗。

那么如何保证房地产行业的生产秩序呢？房地产企业必须源源不断地拿地，源源不断地开工，源源不断地销售新房，这样才能确保建筑工人的工资，确保对钢筋水泥的需求，确保对运输行业的需求。就像我们前文说的，人们买房的钱首先变成了房地产企业的营收，然后变成了建筑工人的工资、钢筋水泥厂工人的工资、货车司机的工资，还变成了国家的税收，随即就会变成从事高铁和市政建设工人的工资。最终，这些工人的消费又支撑了其他人所在企业的发展，然后企业会给这些人发工资，让他们还月供。

这是一条完整的经济链，货币在这条经济链里进行不断地循环。在这条经济链里，货币是中介，是刺激经济发展的工具和手段，而不是经济发展的目的。

那么怎么维持房地产行业的健康发展呢？很简单，只要房地产企业有利润，企业家们就会源源不断地投资，试图获得更多的利润。所以我们可以看到一个有趣的现象，从 2015 年年底到 2016 年，政府鼓励房地产行业发展，国企也开始公开拿地，不少居民上杠杆推高了房价。到了 2017 年，政府又立刻给房价踩了急刹车，限购限贷，坚决遏制房价上涨，限制土地拍卖的价格。

那些认为国家来拉高房地产，就是为了获得更高收入的人，根本不理解为什么要给土地拍卖限制最高价。

国家鼓励房地产行业发展，是为了更高层次的目的。那么为什么后来又突然要给房价踩急刹车呢？刚才说了，国家为了经济的良性发展，一定会鼓励所有的企业不断地投资，而鼓励方法就是用利润去引导企业，房地产企业也是一样的。房地产企业的利润必须超过这个行业的贷款利率，超过的越多，对房地产企业追加投资的刺激就越大。

从 2011 年到 2015 年，房地产企业只能获得一些很微薄的利润，这导致整个行业死气沉沉的。在这种情况下，房地产企业的投资是很保守的。但是在 2015 年的时候，股灾出现了，股市崩盘。股灾后国家投入了 2 万亿的资金救市，试图用拉升股市大牛市的方式激活实体经济，但没有达到预期效果。同时，房地产行业再次扛起拉升 GDP 的重要任务。

原本应该由股市来完成的 GDP 份额，如今让房地产来扛，国家只能用超额利润来刺激房地产企业进行大规模投资，把经济拉动起来。

被杠杆放大的投资风险

刺激房地产行业进行大规模投资的最佳手段就是超高的利润，比如 30%—50% 的利率就能完全激发房地产企业的积极性。

但这个利润也不能再高了，因为房地产行业的本金就这么多，生产经营就这么大，给再高的利润，它也只能拿出这么多的资金。比如，当房价上涨 50% 的时候，房地产企业已经足够积极了，不仅会拿出所有的资金，还会从银行借来自己能借出的最多资金，然后急速地开发新楼盘。

高房价会给房地产企业带来高利润，但这些利润不能无限地高。因为土地的数量是有限的，房地产企业的钱已经全部拿出来了，剩下的钱是从银行借的。如果房地产用从银行借来的钱哄抬地价，实际开工的工地还是那么多，而地价过高，对任何人来说都没有好处。对国家来说有什么意义呢？银行是国家的，抬高地价除了加大风险，没有任何意义，所以这并不是国家愿意看到的。

因为买房，我们进入了全民高杠杆时代。杠杆是把"双刃剑"，但是买房的人一直以来享受了它好的一面，从来没有提体会过它坏的那一面。如果房价的涨幅已经超过了国家允许的极限值，再高涨，纯粹是在放大风险，对经济的刺激作用并不大。

所以，在刺激楼市发展几年之后，我们又不得不给楼市踩下急刹车。刺激房地产企业的利润不需要过多，房价太高也是风险。现在的利润已经足够调动房地产企业的积极性了。

中国能赚钱的产业太多了，甚至很多行业的总利润，比房地产行业还要高得多，对经济的拉动也很大。土地拍卖的收益并不是最高的，但是像房地产这样，能让居民拿出这么多钱来消费的产业，一个都没有。因此，房地产是我们拉动经济的关键手段。

横盘将是房地产未来的常态

从社会的角度去考虑房地产，其价值有三点：第一点就是房地产本身可以创造大量的就业岗位，养活上下游的工人；第二点是房地产有能力让大众将钱投入，用于消费；第三点是房地产可以让社会秩序更稳定。俗话说，有恒产者有恒心。

让房地产行业万古长青的最大要素，就是要控制涨价节奏。房地产行业需要涨价，需要有利润，但是不能无节制地涨价，它不可能永远超过房贷利率。对于现在社会的经济形势来说，房地产行业的利润下跌或者上涨太多，都是风险，达不到促进经济的目的。要想达到目的，保证房地产行业的利润平均下来略高于贷款利率就比较重要了。

我们需要房价稳定，可以有节奏地微涨。因此，未来几年的中国房价大概率是不会有大波动的，因为上一波的房地产已经完美地达成了它的历史使命。如果还有缺点的话，就是上一波的价格太高了。

我们的房价目前需要横盘一段时间，这样可以减少一点泡沫的压力。但是我们又不能让房价跌，因为楼市的杠杆太高了。楼市一旦崩盘，危害比股市要大多了，因为楼市做到了股市做不到的事情。所以，楼市只有一个结果，就是护盘。至于下一次的楼市拉升会是什么时候？我们很难估计。等下一次我们需要房地产加大投资力度刺激经济的时候，横盘大概就会结束了。

当然了，如果居民手中的积蓄过多，都不愿意消费，房价也有可能小幅度上涨，以引导居民买房，刺激居民消费。

房地产的本质

这里只是从宏观经济运转的高度给大家介绍了房价的本质。很多人之前不明白，为什么楼市有时候要被拉升，有时候又要被限价限购，我相信现在大概都会恍然大悟。如果你总是以赚钱、卖地、收税的角度去考虑问题，那就太浅显了。

其实，国家历年所制定的调控政策，都是非常漂亮的，它们非常完美地达成了促进和平衡经济发展的目的。让房价大部分时间维持横盘，保证大多数人都有房子住；需要房地产行业投入资金去拉动经济发展时，再鼓励房价涨一下——这是控制国民经济、调控经济运行、调节社会生产秩序的好办法。

国家最关心的是维护一个井井有条、和谐的社会秩序，房价调控只是控制社会生产秩序的重要方法。

第 *24* 章
找到资产配置的最优解

资产配置的误区

一个家庭应该如何配置自己的资产？我觉得这个话题应该很多人都会非常感兴趣。

很多人认为的资产配置就是，我的家庭里的资产应配置多少股票、配置多少房子、购买多少理财产品、保留多少存款，等等。很多书上也的确是这么写的，甚至给出了一个固定的比例或者说一个范围的比例。但是，这种生搬硬套的方式实际上是非常不科学的，因为家家户户的条件都不一样，怎么可能会有一种通用的比例范围呢？

比如说那些身家十几亿、上百亿、上千亿的富豪，他们的资产可能会配置在十几个领域、上百家公司里。如果你家里只有 10 万、20 万的闲钱需要进行资产配置，为了把资产的收益率从 4% 提高到 5%，你非要配置几十个领域，花费大量的时间和精力研究该怎么配置、怎么规避风险，我觉得这是非常划不来的，因为你付出的时间成本远大于得到的投资收益，还不如直接买稳定的理财产品，然后把时间和精力拿去好好工作。

我们要从根源上理解资产配置的意义，然后根据自家的实际情况进行操作。

资产配置的最根本意义就是分散风险，否则没有资产配置的必要。如果投资没有风险，那我们逮着一个资产全部投入就行，比如全部配置股票，或者全部配置房子、全部配置理财，完全不需要进行资产配置。但实际情况是，这样做过于极端，风险也会非常大。

我们为什么要分散风险呢？有一句很出名的话，叫"鸡蛋不能放在一个篮子里"，这句话非常直观明了地说明了为什么要分散风险。但是很多人分散风险的方式错了。是不是只要找到很多的篮子放鸡蛋，风险就一定会降低呢？不是的。比如，有人选了很多个篮子，把自己的鸡蛋都分开放了进去，然后他把这些篮子都放在同一辆车上，最后他发现车翻了，所有的鸡蛋都摔烂了。

比如，有很多人买了很多家的P2P产品。当时的P2P收益率太高了，风险当然也很高，买家为了执行分散风险的策略，坚决不把钱都放在一家的P2P产品里，哪怕他们对这个P2P产品很放心。他们把钱放到了多家P2P平台上，自以为这就叫资产配置，这就叫"鸡蛋不能放在一个篮子里"，结果呢，整个P2P行业都出问题了。哪怕他们买了10家的P2P产品，也没用。

那么，是不是把资产分散在多个行业里就能规避风险了呢？也不是。风险是相对的，它不是一个固定值，不同的行业蕴含的风险更是天差地别。例如，你在银行理财，年化收益大概是4%，这点在各大银行都差不多。如果你去做民间借贷，把钱借给自己的朋友，年化收益率有可能是 12% 起步的。

民间借贷有这么高的收益率，那么是不是一定比银行理财划算？未必。为什么？因为你的钱如果用来购买银行的理财产品，虽然理论上银行不是刚性兑付，但是实际操作中，它就是刚性兑付的，风险可以认为约等于 0，所以银行才会开出比较低的利率。但是，如果你把钱借给好友投资，那就不一样了，这里蕴藏着巨大的风险。假设你的好友特别靠谱，你把钱借给他 10 年，10 年间他都在按期还本付息，但是10 年之后如果他出事了，彻底破产，即使这个朋友人很好，也很负责，但是他实在没钱，也无力还款。

风险成本，决定你的收益上限

我们今天说的资产配置，就是要在脑海中形成风险成本的概念。什么叫风险成本？比如国债的收益，我们就可以认为是无风险收益。国债与国同休，国家在则国债在。所以通常情况下，行业内的人都会认为国债的收益率就等于无风险收益率。

在我国，我们通常会把国债收益和银行存款都认定为无风险收益，国外则不然。在外国，只有国债收益会被认定为无风险收益，因为我国的银行是国有的，是国家背负的，所以银行存款哪怕只有 3% 的收益，很多人还是愿意存在银行，因为无风险。

很多有钱人在投资时，会购买大量的国债。这些有钱人的投资能力远大于普通人，但是他们依然会配置一定比例的国债，因为这在他们的资产配置里是压箱底的东西。

此外，银行理财的实质也是银行兜底，而银行是由国家兜底的，所以银行理财几乎是无风险收益。但是在法律上，银行理财毕竟不是刚性兑付的，所以它还是有那么一点风险的。这也是为什么银行理财的收益比国债收益高一点。国债是 3% 左右，银行理财是 4% 左右。

国债、银行存款和银行理财之类的投资，其收益率和风险都是呈绝对正相关的，中间没有什么差价可以吃，一分钱一分货。普通人能一眼看出其中蕴藏了多少风险，而绝大部分普通人也都能承受这种风险。

但是你自己借出去的钱，不管是借给了 P2P 平台，还是私人企业，还是你自己的亲戚、朋友，都蕴含着风险，而且风险还挺大的。它最大的一个问题是极难评估，风险值不明晰。普通人无法评估这种借贷的风险，专业人士能否评估呢？当然也不能。所以银行发出去的贷款绝大多数都是有抵押物的，你必须提供抵押物，银行才愿意借贷给你。只有国企、地方政府，以及极少数信誉度极高的特大型民企，才有资格从银行拿到无抵押贷款。

你的资产需要配置国债吗

美国金融文献记载的数据表明，如果你在 1925 年年底，将 1 美元投资于美国国债，并且将所有的收益进行再投资，到 2005 年的时候，你的 1 美元会增长为 18 美元。美国的短期国债，似乎有 18 倍的收益。但大家看一下时间，1925 年到 2005 年的 80 年，这其中大概有 60% 的收益被通胀所抵消，所以只能说收益率勉强跑赢了通胀。

但如果你在 1925 年拿出 1 美元投入到大盘股里，那么到 2005 年的时候，1 美元就会变成 2658 美元。如果你投资于小盘股，1 美元就会变成 13706 美元。80 年的福利，收益率差距被拉到一个非常恐怖的地步，也让我们更加清晰地看出两者的差别。

很多人说这是美股的历史，不是 A 股的历史，美股是 70 年长牛，A 股能比吗？A 股能达到这个收益率吗？

目前 A 股的市场制度建设还有进步空间，但这是和今天的美股作对比。A 股的制度即便不完善，比 80 年前的美股还是好上很多的。大家可以看一部电影，叫《华尔街之狼》，里面描述的就是以前的美股，也是 1925 年美国股市的缩影，制度非常混乱。

抛开这个不谈，我们单独看一下 A 股上市以来的收益率，就会发现它其实也是非常惊人的。

A 股是 1990 年开始上市的，它最开始上市时是 100 点，历史最低点是 95 点，历史最高点是 6124 点，2021 年有段时间超过了 3000 点。如果你在 1990 年到 1991 年曾无意间买入 A 股，持有至今，年化收益大概是 13%。

我们从 10 年为一个周期的角度去看，股市和楼市有着很明显的"跷跷板关系"，所以我们的资产如果过于集中在一个领域里，风险是非常大的。想一下银行为何不自己炒房？既然都知道房地产很赚钱，为什么不把钱都投入房地产呢？因为银行深谙这个道理。

所以，从家庭总资产稳健增值的角度来看的话，适当地对资产进行分散配置，才能让其平稳增值三五十年，不至于被风浪和极端情况所冲垮。

楼市资产自然要配置，股市的资产你也要配置一份，这样可以对冲一部分风险。分散配置，对越有钱的人来说越有意义。银行就是为了分散自己的风险，不让系统性风险最终爆发，它的"鸡蛋"才没放在一个篮子里，家庭资产配置也应如此。资产配置和投资是不同的，投资追求收益，大部分时间是无惧风险的，甚至是喜欢风险的，但资产配置一定要考虑分散风险。

资产配置的核心理念到底是什么

资产配置一定是以求稳为主的，稳定大于收益。资产配置的核心词是"分散投资"，但是到底该怎么投资呢？

比如说，你认识一个药厂老板，你认为认识这个药厂老板是你的优势，别人都不清楚这个老板的底，而你知道，而且你认为他能还钱，那么，这个药厂就是你最具优势的投资对象。你可以拿出家庭的50%甚至70%的资产借给他，但是你千万要记住，不管你多么熟悉这个领域、具有怎样的优势，这个项目多么诱人，你都一定要做一个假设。

假设你借给他的钱出现了极端情况，一分都没有收回来，你能不能承受这个后果？如果你说你能承受，那么你就是在进行资产配置；如果你说不能承受，却还要借给他，你就不是在投资，而是在赌博。

如果你能够承受风险，并且你的大投资大都选择了这种极具风险的项目，你的投资类型就属于风险性投资。如果你愿意进行风险性投资，比如你选择将 70% 的资金都借给这家药厂，年化利率达到 18%，那么你就一定要为剩下的 30% 的资金选择非常稳妥的投资项目，比如说银行理财，一、二线城市的房产。虽然我认为我国的房子未来可能很难大涨，但是跌的可能性真的不大，所以我认为房产属于稳健型资产。

如果你的大部分资金选择了稳健型的投资，比如说你家的主要资产是房子（低挡杆购入）。或者你把钱都购买了银行理财产品，那么我建议你配置一部分风险投资，比如股市资产。当然，如果你的资产主要是房子的话，杠杆一定要是比较低的。因为如果你的楼市杠杆很高，那么房产也有风险。

这里一定要强调注意楼市的杠杆问题，因为房贷有 5% 的利息，不是免费的。5% 的利息在楼市暴涨的时候其实是无所谓的。如果楼市每年涨 13%，你还可以净赚 8%。但是如果楼市不涨，一年 5% 的利息其实存在很大的风险。如果房价长期不涨，你只能想办法每年给银行 5% 的利息，看起来少，实际上不少了。所以如果你的楼市杠杆很高，我会把房产归类为风险性资产；如果杠杆很低，房产就被归类于稳健型资产。

比如你家有 500 万资产，其中有 400 万都是房产，而且都是全款买的。剩下的 100 万，我建议你全部配置风险性资产，这个比例并不过分。你可以将这 100 万风险性资产分配到三至五个领域上，分散风险。即使其中某一个领域出现一点投资问题，也不会伤及家庭的根基。

但是要注意一点，风险性资产即使大赚了，你也不要太贪，不要有把房子卖了，将全部资产都投入其中的想法。

了解配置的原理之后，再结合自家的实际情况和你所涉及、所擅长的投资领域，你就可以确定你家的资产究竟应该怎么配置了。

每个家庭都要配置一部分股票资产

为什么每个家庭都要配置一部分股票资产，原因很简单，在中国高速发展的过去 30 年里，中国人的生活水平得到了大幅度的提高，但是广大的劳动人民享受的只是其中一小部分成果，大部分的经济果实被资本方给拿走了。

换言之，广大的普通家庭的收入，主要是劳动性收入，他们生活的变好来自工资收入的增加，这是因为中国整体经济的变好而被动增加的。在他们的收入构成里，财产性收入占比极低，这导致中国的小资产阶层具有极强的不安全感，一旦自己哪天因为各种意外失去了工资性收入，马上就会掉落到下个社会阶层。

除此之外，多年积累的血汗钱如何安置也是一个令人非常头疼的事情，如果放在银行，那么会被不断增长的通货膨胀给迅速吞噬，这就导致了如何理财、进行资产配置成为一件对每个家庭来说都非常重要的事情，也就是所谓的"你不理财，财不理你"。这里所指的理财并不是狭义上的银行理财，而是指广义上的资产配置，即投资。在过去的几十年里，发财的大部分人靠的都是投资，极少有人是因为打工发财的。

很不幸，在中国，普通民众可以投资的渠道太少了，开工厂、投资企业这种事基本和老百姓无缘。普通民众手中的血汗钱可以配置的方向，只有房市这种不动产类、股市这种流动资产类，以及银行理财产品和有风险的 P2P 产品之类的固定收益现金类。

我们普通人所能接触的投资渠道，基本就这三类，股市作为三支柱之一，我们自然是必须好好了解的，拥有一定的股市知识对于每个家庭来说，都是必需的，它的重要性和我们了解楼市并没有本质区别。

我们都知道，在过去的20年里，中国楼市走出了单边大牛市。中国的楼市、美国的股市都是世界经济奇迹，美股永不坠落，2008年的金融危机都只是一个小回调；中国的房价也很坚挺，2008年金融危机也只是一个小回调。

但是这并不代表中国的房价和美国的股市就会永远上涨，中国人就不需要配置A股，美国人就不需要配置房产。任何一家大型资产管理公司都知道的最大的忌讳就是资产配置高度集中，分散化投资是维持资产稳定，不至于让资产因为意外而遭受灭顶之灾的必备条件，翻译成一句俗语就是"鸡蛋不能放在一个篮子里"。

如果一个美国家庭把所有的家庭资产都配置在股市里，一个中国家庭把资产都配置在楼市里，这很显然是极度不科学的，一旦经济周期走到了循环期，这两个家庭就会出现极其惨烈的损失。这世上没有任何永恒不跌的市场，如果楼市真的无风险、永远上涨的话，银行为什么愿意以5%的利率贷款给你，让你享受每年10%～20%的增长，而不愿意自己亲自下场囤地皮，或者直接收购地产公司呢？很明显，银行扣除了风险溢价，这个风险溢价在永恒上涨的市场里会不断地积累，直到最终爆发的那天一下子涌现。

为了规避这种系统性风险，大型资产管理公司和普通家庭的资产配置都应该是分散的。楼市等固定资产配置一点，股市配置一点，银行的理财产品配置一点，其中哪个市场的热度高就多配置一点，哪个市场热度低就少配置一点，这样才能让你的家庭在人生的航线里航行得更长久，毕竟你的家庭的人生路不是3年、5年，而是30年、50年。在如此长的时间轴里，任何一个市场都不可能长盛不衰，所以我们不能把全部筹码押到一张桌子上，分散配置不会让我们的家庭资产大起大落，而会让其平稳航行，稳健增值。

实际上，股票配置资产的成绩如何呢？答案是：非常优异！我们看一下1925年到2005年美国各类资产配置的成绩单（表24-1、图24-1）。

表24-1 美国各类资产的财富乘数和通货膨胀的倍数

（1925年12月到2005年12月）

资产类别	财富乘数
通货膨胀	11倍
美国短期国债	18倍
美国长期国债	71倍
公司债券	100倍
大盘股	2 658倍
小盘股	13 706倍

来源：Ibbotson Associates，Sstocks，Bonds，Bills and Inflation，2006 Year Book

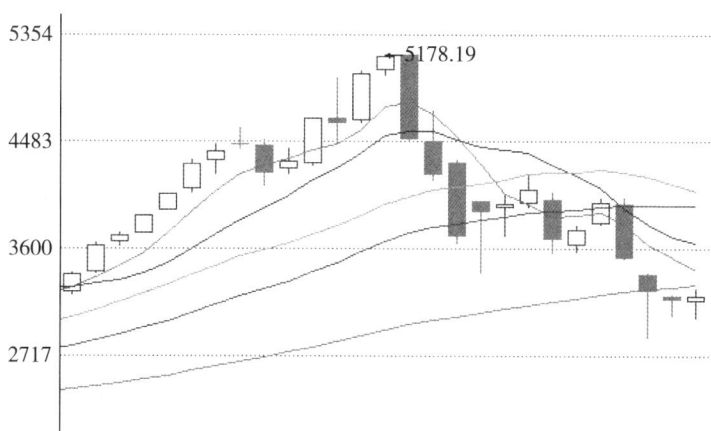

图24-1 2015年3月13日至2015年9月11日上证指数K线图

中国的房改是 1986 年开始的，也就是说，在 1986 年之后才有商品房这个概念。1989 年，北京的住房均价在 1800 元左右，而 2018 年，北京的住房均价是 68000 元，涨了 30 多倍，折算一下，复合年化增长率恰好也是 13%，与 A 股从 1990 年到现在折算出来的复合年化增长率几乎相等。

1989 年，北京的房价是 1800 元，到了 1999 年，只有 2000 元，10 年间房价的上涨幅度几乎可以忽略不计，结合 20 世纪 90 年代货币的大幅贬值，这个阶段的房价实际上也是大幅贬值的。巧合的是，1990—2001 年是股市的黄金十年，这 10 年里，股指从 1990 年的 100 点，暴涨到 2001 年的 2000 点，10 年 20 倍；而随后的 18 年里，仅仅增长了 1.5 倍，到 3000 点。2001 年至 2019 年，股市萎靡的 18 年非常类似 1989 年到 1999 年楼市萎靡的 10 年，而楼市萎靡 10 年之后，在 1999 年开始暴涨，至今是黄金 22 年，和股市的萎靡时间段高度重叠。

所以，楼市并不是只涨不跌的，股市也并非始终是熊市，从大周期上来看，二者有一个很明显的"跷跷板关系"。

对于每个家庭而言，配置一部分股票资产，都是理财的必要操作，更何况，股票的流动性远强于房地产，我们可以通过择时、选股等操作增加收益率，而且只要不贪心，从股市中赚钱并不困难。

第 *25* 章
买房之前，你必须了解的关键信息

大家都很关心房价，但是不同的人，对房价有不同的看法。说房价会跌的言论是最受大众欢迎的——没房的人想买房，有房的人想换更大的房子，他们都希望房价跌。但是这个"跌"有个潜在的含义，是"只能以他们的标准下跌"，因为他们买的房还想要高价卖给别人。要是房价真的普遍下跌，最不满的往往也是这些人，这就是人性。

所以，从宏观层面来看，要让所有人满意很难。维持房价的现状，不涨不跌，反而成了最好的选择。

但是真正做到不涨不跌也很难，这几年有关部门调控房价，不同地方的人的感受是完全不一样的。

有些地方的人说："调控真的很有效，这儿的房子真的不涨了，邻居的房子挂了半年都卖不掉，最后不得不打 8 折出售，建议大家这几年都别买房。"还有的人说："调控的效果也不大，我们这里天天有人抢房，不排队摇号根本买不到房子。地产商天天用精装修变相涨价，建议大家赶紧买房。"

如何用"去化周期"判断房价

中国的楼市，一半是海水，一半是火焰，反差非常大，这究竟是为什么呢？

解释这个问题之前，需要先给大家科普一个词，叫"去化周期"[1]。下面的内容在某种程度上可以帮助我们预测房价。房价预测虽然看起来很玄乎，但房子本质上是一种商品，只要是商品，其价格就受到供需关系的影响。

不管是金融政策，还是人口数据，所研究的全部是需求端。不管是加息还是减息，不管是人口流入还是流失，所影响的，都是对住房的需求。

那么，大家有没有考虑过供给端呢？就算人口老龄化、贷款利率大涨，导致需求端降低到零，整个社会没有一个人买房了，房价就一定会"跌跌不休"吗？

不一定。如果我们能把供给也削减为零，房价就一定会涨上去。要知道，房子是一种消费品，是有使用寿命的，平均寿命其实也就

---

1 去化周期也是指商品房的销售周期，"去化"在房地产领域就是销售的意思，新建商品住宅去化周期一般由新建商品住宅的存量除以此前 12 个月月均成交量而得出。

六七十年。如果彻底断绝所有新增住房的供应，市面上所有的存量住宅，等于每年自然削减 1/70，存量房再多，熬个 5 年、10 年，住房短缺状态自然就来了。所以，我们研究房价，不能只看需求端的政策，还要看供给端的政策。到底是供不应求还是供大于求，不是买房人单方面可以决定的。

理解房地产的供给端

那我们怎么研究供给端的政策呢？每个城市打算提供多少土地用来建设住宅？我们不会知道，更无法预测。其实这个问题很棘手，因为出让土地的财政收入主要归地方，而中央主要靠 GDP 发展受益，所以在处理中国的房价问题上，中央和地方的态度，并不完全一致。大体可以总结为：国家长期维稳房价，短期支持房价；而各地方又长期支持房价，短期维稳房价。

各个地方有充沛的动力利用辖区内的土地发展房地产，收获大量的利润进行基础建设，改善居民生活，提高 GDP。

房地产市场蓬勃发展了多年，土地批下去，即使价格很高也卖得掉。过去十几年的时间里，有些地方想尽办法夸大自己的住房需求，最终导致库存挤压，不得不想办法去库存。结果为了去库存而刺激房市，又导致房价暴涨，不得不紧急调控。

房地产这艘航母太大了，实在难以被精细调控，但是现实情况又迫使我们不得不把房价"摁"在极窄的区间内。与此同时，我们又必须照顾到地方上的经济发展，以及土地供应的需求。

每年到底该给地方上批多少土地，他们到底需要多少土地，这真的很难确定。

弄清楚房地产的库存

为了彻底解决这个问题，在 2017 年，我国采取了"五类"调控目标管理的办法，具体为：去化周期 6 个月以下的，要显著增加并加快供地；去化周期 6 ～ 12 个月的，要增加供地；去化周期 12 ～ 18 个月的，维持供地持平水平；去化周期 18 ～ 36 个月的，要适当减少供地；去化周期 36 个月以上的，应停止供地。

采用了这个新办法之后，各个地方到底提供多少土地进行住宅开发，是由地方的消费者决定的，必须能够把已经建成的房子卖掉，才算真正有需求。如果房子很难卖掉，去化周期 36 个月以上，那自然就要立即停止供地了。

如果某个城市真的严重缺地，库存房只剩三四个月了，那么不管这里是不是存在房价泡沫，是不是需求过旺，只要库存不够，就需要多批点土地，赶快建新房。

这个策略还是很有效的，所谓一城一策，因地制宜。

下面列举武汉市的例子，介绍一下到底什么叫去化周期。

在 2018 年，武汉市批准了 22.7 万套住房入市预售，面积达到

2622 万平方米，这个就叫作供给，即新供应给市场的住房。同时，在这一年里，武汉市共销售了 16.6 万套住房，总面积 1804 万平方米，这个就叫作需求，武汉的房地产市场总共卖出了这么多新房。

武汉市的二手房存量交易市场在这一年内共交易了 732 万平方米的住房，这个我们暂且不论，因为二手房的交易量是受到一手房的交易量的牵制和影响的，我们只需要观测一手房的交易情况就可以了。换句话说，在 2018 年，武汉市的新房市场供大于求，累计增加了 800 万平方米的住房库存。

但是截至 2018 年 12 月底，武汉市总共只有 1629 万平方米的库存新房，哪怕按照 2018 年的销售量计算，也只够卖 10.8 个月。所以，武汉市的去化周期是 10.8 个月，这个去化周期偏低了，按政策，还要增加供地，继续补库存。

每个城市都会对这些销售数据进行公示，而且是逐月公示，我们可以轻易在网络上查询到相关信息，有兴趣的人可以查查自己所在城市的住房库存和销售情况如何（图 25-1）。

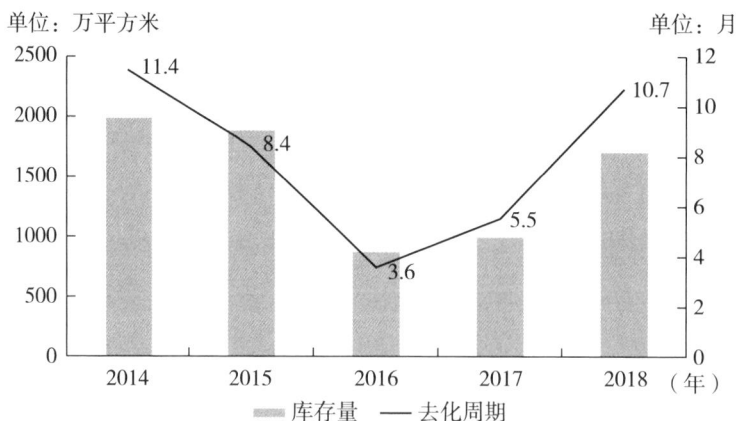

图 25-1 武汉近五年库存变化趋势

为什么武汉市在 2018 年要补充 800 万平方米的住房库存呢？因为在前几年，武汉市的库存更低。

2017 年 4 月底，武汉市极限低点时的库存量仅为 243 万平方米，消化周期降至 1.6 个月，整个武汉市一房难求，后来经过疯狂补库存才缓过劲来。

上图的数据显示，武汉市在 2014 年的时候去化周期也才 11 个月，2018 年又回到 2014 年的水平了。不是说 2014 年库存超标，要去库存吗？看起来武汉楼市已经饱和了。但这个结论是错的，因为 2014 年房地产的去库存根本不是针对武汉，而是针对全国其他地区。

我们来看一看 2019 年年初，全国各地的去化周期表。

表 25-1　2019 年年初各地去化周期表

地区	周期（年）	地区	周期（年）
西北五省	3.1	中原	1.5
内蒙古	7.4	长三角	2.5
东三省	6.5	成渝	1.0
京津冀	5.5	长江中游	0.9
山西	5.9	西南	0.9
山东	2.0	广东	1.1
海峡西	1.9		

从表中我们可以清楚地看到，去库存几年后，内蒙古和东北地区的去化周期依然高达六七年，远超"警戒线"，楼市处于冰点。而中部地区的去化周期，平均才 0.9 年，楼市生意热火朝天。

"海水"和"火焰"，在中国的楼市中同时存在。为什么会出现这种情况？那我们就要谈一谈西部大开发和中部崛起大战略了。

库存决定了房价的涨跌

一个地方的房子的库存很少，供不应求，最大的可能是当地的经济增速超过预计，导致土地供应不足。同时，高度增长的经济又导致民众对住宅投资的需求增大，建好的房子都卖出去了，所以库存不足。根据这个推论，中部地区最近几年的经济增速应该远超全国平均水平，是这样吗？

1979 年，中国推行改革开放政策，提出"先富带动后富"的策略，将主要资源集中于沿海地区。沿海地区得到了巨大的发展，"长三角"和"珠三角"地区成了中国经济闪亮的名片。20 年之后，东部地区的人均 GDP 已经达到了西部的 2.46 倍，贫富差距增大。

于是在 1999 年，我国正式提出西部大开发战略，从先富地区抽税，补贴西部地区的建设，实现先富带动后富。效果怎么样呢？当然是非常好。西部地区的 GDP 增速狂飙突进，到了 2014 年，已经和全国平均 GDP 增速保持了一致。

2012 年，全国有两座城市出现房地产崩盘现象，一座是位于东部地区的温州，一座是位于西部地区的鄂尔多斯，这未必是巧合。在东部改革开放和西部大开发双轨并行，经济建设如火如荼的时候，中部地区仿佛还在沉寂着。

又过了 10 年，中部地区的利好政策来了。2009 年，国务院出台《促进中部地区崛起规划》，确定了中部崛起战略，从此中部地区的经济发展走上了快车道。有多快呢？近 10 年，中部六省的经济增速远超全国平均值（表 25–2）。

表25-2　近10年中部六省GDP增速

省份	2008年GDP（亿元）	2018年GDP（亿元）	10年增速	年均增速
湖北	11328.9	39366.55	247.40%	13.20%
安徽	8851.7	30006.8	238.99%	12.90%
江西	6971.1	21984.8	215.30%	12.10%
湖南	11555	36425.78	215.20%	12.10%
河南	18018.5	48055.86	166.70%	10.30%
山西	7315.4	16818.11	129.90%	8.60%

从表中数据可以看出，中部六省，湖北是领头羊，而武汉则是湖北的"火车头"，所以，武汉是中部崛起战略中较有代表性的城市。为了供应武汉经济发展所需，武汉市政府准备了大量的库存商品房，在全国经济前100强的城市里，库存房数量高居全国第一（如下表所示）。

表25-3　库存最高20城

城市	库存（万平方米）	城市	库存（万平方米）
武汉	2067	北京	933
天津	1640	无锡	896
沈阳	1608	广州	853
重庆	1443	唐山	773
西安	1353	上海	725
佛山	1153	烟台	690
长春	1080	兰州	676
长沙	1068	常州	675
太原	1014	徐州	645
青岛	995	苏州	645

这么多库存房，有人愿意买吗？当然有。即使武汉已经出台了限购政策，而且库存已经很高了，但还是不够，因为民众的需求量太大

了，去化周期太短。

如果我们给各个城市的去化周期进行排名，会震惊地发现，在2019年，全国去化周期最高的城市居然是厦门，去化周期高达40个月（表25-4）。

表25-4　我国房产去化周期最长20城

城市	去化周期（月）	城市	去化周期（月）
厦门	40.72	舟山	20.02
香河	35.65	西宁	18.03
三亚	29.08	天津	17.96
北京	26.87	唐山	17.37
大厂	26.27	漳州	17.34
固安	23.82	湛江	17.28
燕郊	23.70	兰州	17.19
包头	23.28	肇庆	16.83
桂林	23.15	海口	15.85
芜湖	20.84	太原	15.65

全国经济前100强的城市里，去化周期超过36个月的，仅有一个城市，那就是厦门。根据相关规定，厦门市的去周期化一旦超过"警戒线"，要被停止供地了，无地可卖。厦门库存这么大，房价还这么高，这可以说明有一批买房人本是没有需求的，但他们的冲动行为却让房价飙升了。

有人可能会说："都要停止供地了，房价肯定要涨啊，赶紧买房吧。"但是说这话之前，我们要先看看库存。不管是由于限购还是限贷，买新房的人变少了是事实，不然去化周期怎么这么长呢？

而2019年去化周期最短的城市，大家估计也想不到，是郑州。中部六省的去化周期都很低，郑州是最低的（表25-5）。

表 25-5　我国房产去化周期最短 20 城

城市	去化周期（月）	城市	去化周期（月）
郑州	2.80	大连	5.23
杭州	2.96	清远	5.40
扬州	3.14	南通	5.78
赣州	3.21	嘉善	5.86
成都	3.44	滁州	6.21
柳州	3.46	常德	6.23
合肥	4.17	秦皇岛	6.73
日照	4.30	徐州	6.84
南宁	4.44	重庆	7.00
惠州	5.18	嘉兴	7.21

库存正常时，房价会受到经济规律的影响，可能涨，也可能跌，但是当市面上没有库存房时，房价一定不会跌。当年香港断绝土地供应后的房价走势，已经完美地证明了这一点。"因地制宜，一城一策"的战略出台后，全国"一盘棋"地调控。自此，房地产商用涨价刺激大众购买，去库存的现象鲜少出现了；那些原本库存就不够，房价却应声暴涨的情况也不会出现了。

所以，在住房库存很高的城市购房投资，都存在一定风险。那些城市的房价也许不会跌，但是肯定不会涨多少。不管表面上是不是真的有很多人在哄抢，我们只要看看库存就能判断真假。如果真的有人在"抢房"，库存量怎么会那么高呢？

而住房库存特别低的城市涨不涨我们无法确定，但是肯定不会跌，因为市面上的新房几乎已经卖完了。就算全国的房价都跌，这样的城市的房价也会最后跌。当然，这只是简单的分析，因为去化周期 = 库存 / 需求，而需求端，又受到很多非经济因素的影响。我们作为消费者，通过这个规律去进行大致判断，有助于在购房时做出理性的决策。

买房之前，必须考虑的问题

在 2009 年的时候，有些城市的去化周期高达 7 年，也就是说，即使没有新的供地，库存房都够卖 7 年了。结果"四万亿计划"出台之后，市面上的房子，瞬间就没有了。所以，需求在很大程度上还是受到经济政策影响的。限购、限贷，都能立竿见影地影响需求端。

2009 年后，我们可以明显地感受到，土地供应和新房落成数量，是 2009 年之前的数倍。

但是这大量供应的住房，全部被市场消化一空，这就是需求端的巨大力量。经济发展得好可以促进需求，但灵活多变的政策，可以抑制需求，也可以释放需求。所以，我们做房价预判的时候，要考虑到政策因素。举个例子，因为厦门的去化周期高达 40 个月，所以我们就会预测厦门应停止供地、减少供给，同时还应降低限购门槛和房贷利率、增加贷款额度，以扩大需求。

如果厦门市这么做了，那叫符合预期，房价可能不会跌，但也不会涨。但如果该市没有做这种放松楼市调控的举措，不管是什么原因导致的，那都不符合预期，有可能会导致房价下行。

相反，对于任何一座去化周期短到岌岌可危的城市，我们就会预测政府会扩大供地、增加供给，同时还会提高限购门槛、增加房贷利率、减少房贷额度，以抑制需求。

如果当地政府这么做了，那叫符合预期，房价不会猛涨，但肯定不会跌。但如果当地没有采取给楼市降温的举措，不管是什么原因导致的，那都不符合预期，可能会导致房价上涨。

表25-3中显示的城市排行榜，覆盖了全国100强城市，其中最差的也是三线城市。而实际上，中国库存房最多的，是那些四、五线城市。

总之，在购买一个城市的房产之前，一定要好好研究相关数据和当地的房产政策，有些地方的房产可以买，有些地方的房产，我们还是需要慎重考虑的。中国太大了，不同的地区之间的经济发展差距极大，房地产市场的发展程度也差距极大，"房屋滞销"和"一房难求"的局面往往同时存在。只要把房价涨跌的深层原因、相关数据和各地政策的查询和分析办法都了解清楚，将自己城市的情况套进模板分析一下，我们就能够判断自己所在城市未来房价的大概走势。

楼市的确存在冰火两重天，但是在做投资之前，我们只需要简单研究一下数据，心中就能清晰如明镜。

第 *26* 章

谨慎投资商业地产：
"一铺养三代"是过去式

铺租不炒

在10年前，商业地产界有个说法，叫"一铺养三代"，或者说"一铺富三代"，意思是只要你买了一套商铺，未来三代都不用愁了，买房绝对不如买商铺。现在，商业地产界有了新说法，叫"三代养一铺"，即你买了一套商铺，直接"抽干"了三代人的钱，买房才是王道。

从"一铺养三代"到"三代养一铺"，短短10年里，商业地产的风评为什么会出现如此剧烈的转变？

商业地产被打压了吗？就像住宅地产被限制那样？令人诧异的是，过去20年里，涉及商业地产的政策基本稳定，没有什么大的波动，我国从来都没有出台过专门打压商业地产的政策，甚至完全没有提过。我们拼命地调控住宅的价格，房价一再"蠢蠢欲动"，一涨再涨。而从来没人管的商业地产领域，房价却是死水一潭，甚至常年阴跌，真正做到了"铺租不炒"，这里面的差别到底是什么原因造成的呢？

购买一手房时，投资商业地产和住宅地产的区别不算大，但进行二手房交易的时候，区别可就大多了。当你购买了一套住宅，进行二手房交易的时候，按照法律规定，你需要缴纳一些税费。其中主要有三个大头税种：个人所得税、增值税、契税。其他的税种费用不高。

但同样按照现在的法律，很多高额的税种都被免了，仅留契税：当你持有住宅满两年时，免征增值税；当你持有的住宅"满五唯一"时，免征个人所得税。

按面积大小不同，我们需要缴纳的契税的税率为交易总价的1%～3%，其实和大部分的中介费差不多。哇，买卖一次二手住宅，居然要缴纳占房屋总款1%～3%的契税，另外还要加上1%～2%的中介费和各种杂费，这么贵吗？国家怎么还不减税呢？能说这话，说明你不了解真正的房地产税负。因为比起商业地产来，住宅地产在交易时的契税几乎可以忽略不计了。

当你购买了一套商业地产后你会发现，不管是商铺还是写字楼，进行二手交易时需要承担的税费，都高到令人咋舌。

首先是契税的差距。住宅地产的契税，对于小户型有优惠，可以从3%优惠到1%。但商业地产的契税，无论面积大小，都要缴纳3%。商业地产的印花税为万分之五，对买卖双方收取，合计总房款的千分之一，而住宅交易的印花税为零。

小的差距说完了，下面开始说大的。

增值税如何影响商业地产

如果你投资商业地产没有收益，甚至亏损了，那还好说。但如果你投资商业地产有了收益，赚到了钱，那么以下这些税种就是为你准备的。从商业地产的卖出价中扣掉买入商业地产时的发票单据上显示的买入价，就是你的盈利，也就是增值部分。

既然你增值了，那自然要缴纳增值税。增值税的计算办法是"盈利 $\div 1.05 \times 0.05$"。先除以 1.05，你可以认为是给你打了个折扣，但实际税率可以等同于增值部分的 5%。再加上一堆附加增值税，合计税率大约是 5.6%。

第二项是个人所得税。你赚钱了，自然要缴纳个人所得税，这是天经地义的。你的盈利部分需要缴纳 20% 的个人所得税。

第三项是土地增值税。没错，增值税是增值税，土地增值税是土地增值税，这两个税种不冲突，都需要缴纳。土地增值税的税率为 30%∽60%，赚得越多，税率越高。假设你买了一套售价为 100 万的商铺，出售的时候，一旦售价高于 100 万，你就要缴税。如果你没赚到 50 万，那么税率是 30%；如果你赚的钱位于 50 万∽100 万，那么税率就是 40%；如果你赚的钱位于 100 万∽200 万，税率就是 50%；如果你赚的钱在 200 万以上，税率就是 60%。

当然，在计算税率时还要考虑"速算扣除"，也就是把交易时的成本和房屋折旧也算入，这会导致税费少一点，但减少得并不多。买商业地产后天天梦想房价翻倍暴涨？翻倍当然可以，只是怕你缴不起税。我们按最低的税率计算，即使增值额度低于 50%，土地增值税率也有 30%。

增值税、个人所得税、土地增值税三项合在一起，增值部分的税率至少要高达 55.6%。如果你当初买商业地产的价格特别便宜，买入价很低，那么你的最高税率甚至可以达到 85.6%。

接着，你还要缴纳按总房价计算的契税。如果你的购房发票不小心弄丢了，无法计算最初的买入价，税务局会直接按你的卖出价计算契税，累计大概会收取你卖出价的 34%。

以下表格可以大致显示你卖出一套商铺需要缴纳的税费：

表 26-1　买卖商铺应纳税额

	项目	全额征收	差额征收
卖方承担	增值税及附加	全额 / 1.05 × 5.6%（远郊区县 5.5%）	差额 / 1.05 × 5.6%（远郊区县 5.5%）
	土地增值税	全额 × 20%	差额 × 20%
	土地增值税	全额 × 5%	四级超率累进税率
	印花税	全额 × 0.05%	全额 × 0.05%
卖方承担	契税	全额 × 3%	全额 × 3%
	印花税	全额 × 0.05%	全额 × 0.05%
	产权证登记费	550 元 / 本，每增加一本 10 元	

这意味着哪怕房价翻倍，你都赚不到什么钱。如此高的二手交易税费，导致商业地产的投机买卖成了一个典型的"风险归自己，收益归别人"的投资标的。这就导致商业地产毫无炒作的可能性，没有任何投机价值。你可以买房，也可以投资绿豆、藏獒，但你绝不可能投资商铺。因此，10 年来，商铺的价格纹丝不动，疫情后还跌了。

有人说，卖家可以转移税负，不管国家怎么加税都是买家出。实际上，税负最终是由买卖双方共同承担的。少量加税的时候，比如加 1%～3% 的税费时，因为数额太小，确实看不出来是谁在承担。但当税率加到一个很夸张的地步时，你就可以看出来究竟是谁在承担税负了。

税负怎么可能被转移呢？哪个买家愿意出好几倍的价格来承接他人的税负？

房产税如何影响商业地产

购买商业地产还需要巨大的持有成本，其成本之大让租不出去的商业地产被称为"有毒资产"，这就是房产税。针对住宅的房产税一直未实行，但商业地产的房产税早就开始征收了。

如果你以个人名义购买商业地产，那么就没有房产税，但如果你以公司的名义购买商业地产，就要缴纳很高的房产税。房产税的算法是买入价 $\times 0.8 \times 1.2\%$，也就是根据买入价的 8 折，每年缴纳 1.2% 的税率。注意，是每年缴纳。如果你不缴纳，国家也不催你。但是等你打算交易的时候，就需要把历年未缴纳的房产税及高额的滞纳金一并补缴。

除此之外，还有物业费。住宅的物业费是很低的，每平方米 2〜3 元，部分地区甚至还有 1 元的，但商业地产的物业费是很高的。你见过每月租金 60 元 / 平方米，但物业费高达 15 元 / 平方米的写字楼吗？这样的写字楼很多。如果你的商业地产租出去了，物业费由租户承担。但如果你租不出去，这个物业费是不可能免的，需要你自己承担，物业公司则"旱涝保收"。

高昂到可怕的房产税和物业费，让租不出去的写字楼和商铺成了烫手的"有毒资产"，因为它们不仅产生不了任何收益，还需要你源源不断地投钱。有很多人买了住宅后短斯不住，甚至让其一直保持毛坯房的状态放着，只是为了资产保值。但在商业地产领域，这是不可能的，很多人购买商业地产的唯一目的就是出租，投资者极其重视出租回报率，恨不能收房第二天就租出去。

因此，商业地产领域真正做到了"铺租不炒"。

商业地产的价格，到底是由什么决定的

之所以铺租不炒，完全是因为商业地产的税费高到了让其近乎于无法交易的地步，所以才没办法炒，这看起来确实是房地产政策引发的结果，但其实并不是这样的，因为商业地产的政策一直没改。

无论是"一铺养三代"的那几年，还是"三代养一铺"的当下，交易商业地产的税费都是这么高。所谓"一铺养三代"，恰恰说明了当年的商铺也需要长期持有，是靠租金来养三代的，而不是通过短线交易让持有者瞬间暴富。

10 年前的商铺为什么那么火呢？

2010—2012 年是商业地产的巅峰时期，那时候，如果你拥有一个商铺，能让周围的人羡慕到眼红。如今年龄超过 50 岁的人，一提到商铺、写字楼，还会迷之向往，眼神里充满羡慕。2010 年，佛山繁华路段的商铺售价甚至达到了 4 万~5 万元 / 平方米。

贵吗？很贵，武汉二环的房子在那个时候才每平方米几千元。这个价格其实也不贵，因为佛山隔壁的广州，商铺普遍是每平方米十几万元，2011 年 12 月，最贵的"铺王"甚至达到了 118 万 / 平方米，堪称天价。

那可是 2011 年的 118 万元 / 平方米！今天的深圳湾一号，人称深圳最强豪宅，历经多番暴涨，现在的房价高达 20 万～30 万 / 平方米。但在 2011 年的时候，深圳湾商铺的售价就已经达到了 48 万 / 平方米，那个时候深圳湾的房价才每平方米几万元。

交房后，深圳湾商铺大量空置，有的商铺六年都没租出去，幸运能租出去的，租金才 200 元 / 平方米，回报率为 1%。到了 2017 年，深圳湾商铺的售价普遍腰斩，最低报价甚至有 10 万元 / 平方米的。这 10 年，在深圳买房的人赚得盆满钵满，而投资商铺和写字楼的人亏惨了。

总之，现在的商业地产与 10 年前的商业地产几乎没有可比性。

我们知道，商业地产的交易税费极高。那么，为什么商业地产在一直有高昂的交易税费的情况下，于 2012 年之前还能涨到如此离谱的天价？为什么商业地产的交易税费一直没有变化，2012 年之后价格会萎靡不振呢？商铺价格的起飞，源自 2001 年，中国加入了 WTO，中国的工商业经济得到了爆发式的增长。尤其是民间经济，增速惊人，远远超过 GDP 的增速。

2001—2011 年的 10 年间，民间的借贷利率很高，有很多 1 分[1]、2

1　1 分在民间借贷中一般表示月利 1%，换成年利率约为 12%。2 分、3 分、4 分、5 分以此类推。

分，甚至 3 分、4 分、5 分的民间借贷。如此高的贷款利率，居然一直维持下去了，这就说明，在当时，投资做生意的回报率是比利息高的。1 分利，合年息 12% 以上，5 分利则合年息 60% 以上。可以想象一下，当时做生意究竟有多赚钱。做生意自然离不开商铺，谁能租到铺子，谁才有做生意的资格。

在当时，在深圳华强北商业区拥有一个普普通通、破破烂烂的小铺子的店主人的身家就可能有好几千万。为了占住这个铺子，店主人自然需要支付高昂的租金。2010 年，广州的商铺每平方米的售价动辄十几万、几十万，甚至一百多万。但这些价格里并没有泡沫，因为当时商铺的租金普遍贵得离谱。以十几万、几十万每平方米的价格买下的好铺子，年租金回报率可达到 10% 以上，而且租金还是连年上涨的。

写字楼的情况在那时候也差不多，大量的公司都在抢租写字楼，于是写字楼的售价水涨船高。但这肯定不能被称为泡沫，"一铺养三代"是真的，那个年代最好的土地一定是给商业地产的，开发商最先盖的房子，一定也是商业地产。不管是商铺还是写字楼，只要开盘，一瞬间就会被抢光。不像现在，同一片小区里的住宅都交房了，写字楼还得卖好几年才能清盘。

那么为什么 2012 年之后商业地产的市场行情变成了"三代养一铺"呢？其中主要的因素，是商业地产的大量供应。2012 年，广州的一个商铺居然能卖到每平方米上百万元，而同期的住宅一平方米也才一万块。这么悬殊的对比说明什么呢？只能说明商铺的供给不足。于是，我国开始加大力度供应商业地产，商铺和写字楼的供应量节节增长，开发商们也兴高采烈地大力开发。

当然，今天这些拿商业地块的开发商很多都失望了，但不管怎样，大量的商业地产都已经建成落地了。于是，在早已经配置了大量商业地产的基础上，各大城市里的人均商业面积还是有一个很高的增速，目前国内的人均商业地产面积达到了 2.5 平方米左右。

而按照国际通用标准，人均商业面积的警戒线为 1.2 平方米，人均 2.5 平方米的数据明显过于饱和。目前，各大城市写字楼的空置率相当高。就拿北京的 CBD 来说，2020 年，莱坊第二季度《北京甲级写字楼市场报告》显示，北京 CBD 功能区的平均租金环比下降 4.5%，跌至每月每平方米 361.6 元，空置率环比上涨 2 个百分点，增至 17.2%。

商铺和写字楼衰落的原因

很多人说，这 10 年商铺的生意不行是因为互联网购物的兴起。互联网购物确实会影响商铺的营业额，但这只是原因之一，且不是主要原因。商铺之所以越来越缺乏投资价值，主要原因是城市里人均商业面积的节节增高。商铺的增速远远高于人口的增速，同样多的人，商铺面积多一倍，生意自然要下滑一半，这笔账并不难算。

以前城区老铺王门口人山人海的沸腾景象，现在已经看不到了。电商是一个原因，但更大的原因是，很多城市的新区在住宅区附近都修了很多不错的商业体，大家没必要大老远跑去老城区的"铺王"那里消费了。这 10 年，商铺的租金基本没有跌，甚至每年依然在微弱地上涨，这已经是受益于中国 GDP 连年增长的结果了。

但想像以前那样年年租金大涨是不太可能的事情了。这 10 年，一直到疫情前，商铺、写字楼的租金大概增长了50%，但售价却是纹丝不动。这并不是受了疫情的影响，因为2019年的商铺、写字楼的售价和2011年相比几乎没有涨。疫情暴发后，自然会跌。

现在我们分析疫情前的商业地产。疫情前，商铺和写字楼的租金虽然涨得不多，但总是涨了的，为何售价原地踏步？因为社会上的投资回报率整体在降低。

2010—2012年，商铺和写字楼的租金回报率是10%左右。看起来挺高的，但真的高吗？那个时候，全社会的资金成本就是这么高，到处都是赚钱的生意，资金不管投入到哪个领域，都能够轻松拥有10%以上的收益率，整个人类史上都罕有这样的黄金时代。

所以，在那个年代，10%的租金收益率真的不算高。这几年有很多人打着8%～10%收益率包租的旗号，把商铺和写字楼的售价拉上天，先售后租，然后过几年就消失了。这种卖房骗局里喊出的8%～10%的收益率也不完全是无的放矢，因为曾经的租金确实有这么高。

第 *27* 章
一个小窍门，买房可立省几十万

被颠覆的常识

在前几年，全国房地产市场大热的时候，一些地方买方还要托关系求人，因为楼盘被限价了，买到就是赚到。那段时间里，开发商的房子根本就不愁卖，只要开发商愿意开盘，可出售的房子几乎会瞬间被购房者抢完。

严控房价几年之后，疯狂的市场情绪终于冷静下来了，房子开始不好卖了，人们开始追求性价比更高的房子。而当初通过种种捆绑合同把价格抬高了的楼盘，出现了大面积的滞销。应对滞销，最管用的办法就是降价。但房子真的能降价出售吗？售楼部在对房子进行定价时，是需要维持价格稳定的。一旦售价下调，售楼部立刻就有被业主投诉的可能性，还有可能诱发前期业主大规模退房的状况。

公开售价不能动，但如果卖不掉房子，也是死路一条，怎么办呢？

开发商还真想出了一个两全其美的办法，那就是找房地产中介帮忙代销，一手房当二手房卖。

大家可以登录自己手机上的二手房中介 App，然后搜寻本地的新楼盘，你会赫然发现里面出现了大量的新房信息。大量的中介愿意帮新楼盘推销，曝光量大了，客源多了，哪怕售价不变，销售量也必然会提升。

中介为什么愿意帮售楼部推销呢？答案很简单，只要帮售楼部卖掉了房子，中介自然就有收益。

消费者为什么要从中介渠道购买新房呢？绕开中介直接去售楼部成交岂不是更便宜吗？

理论上确实是这样的，但如果哪个售楼部敢这么做，以后就不要想着有任何中介愿意帮他们引流带客了。

事实上，哪怕通过中介渠道买房和售楼部渠道买房的价格一样，普通消费者依然倾向于直接在售楼部成交，因为他们觉得这样做更有保障。中介能拿出来吸引普通消费者的手段不多，保证比售楼部更便宜就是一个很好的锁定客户的手段，而售楼部也必须配合中介来锁定客户。

同房不同价

同一个楼盘的同一套房，你选错了渠道，就可能多花几万到几十万，同房也可以不同价。回到上面的话题，开发商会给中介多少佣金来吸引他们带客？佣金的比例并不是固定的，一般和楼盘的滞销程度成正比关系。楼盘越难卖，开发商愿意给出的佣金比例就越高。就以 2021 的行情而言，房价的 2% 通常是佣金的起步价，大部分是 3% 左右，少数是 4%～5%。

本来值 80 万的房子，前几年定价飞上了天，自己定了个 100 万出来，给 10% 的佣金出去还能卖 90 万呢，绝对不亏。当然，也有些定价一直是 80 万的房子，开盘就卖光了，根本不需要中介引流销售。

为了吸引客源，中介通常会把分给自己的佣金，拿出 30%—50% 返利给购房者，吸引并锁定客源。通常来说，返利比例是 1%，有些可以高达 2% 甚至 5%，这需要根据不同的楼盘来确定。你可以和中介讨价还价，也可以和多个中介讨价还价，一般来说，让出一半的佣金是中介的底线。

对于售价高达几百万甚至上千万的房子来说，如果我们和中介讨价还价成功了，一下子就能得到几万到几十万的优惠，而且这是实实在在的优惠。